西蒙學習法

友榮方略——著

如何在短時間內快速學會新知識

Simon
Learning
Method

原著　西蒙學習法：如何在短時間內快速學會新知識©友榮方略編著

由人民郵電出版社有限公司
透過北京同舟人和文化發展有限公司（E-mail: tzcopypright@163.com）
授權給經濟新潮社／城邦文化事業（股）公司發行中文繁體字版本，
該出版權受法律保護，非經書面同意，不得以任何形式任意重製、轉載

經營管理 181

西蒙學習法：如何在短時間內快速學會新知識

作　　　者　友榮方略
責 任 編 輯　林博華
行 銷 業 務　劉順眾、顏宏紋、李君宜
發 　行 　人　涂玉雲
總 　編 　輯　林博華
出　　　版　經濟新潮社
　　　　　　104台北市民生東路二段141號5樓
　　　　　　電話：(02) 2500-7696　傳真：(02) 2500-1955
　　　　　　經濟新潮社部落格：http://ecocite.pixnet.net
發 　　　行　英屬蓋曼群島商家庭傳媒股份有限公司城邦分公司
　　　　　　台北市中山區民生東路二段141號11樓
　　　　　　客服服務專線：02-25007718；25007719
　　　　　　24小時傳真專線：02-25001990；25001991
　　　　　　服務時間：週一至週五上午09:30-12:00；下午13:30-17:00
　　　　　　劃撥帳號：19863813；戶名：書虫股份有限公司
　　　　　　讀者服務信箱：service@readingclub.com.tw
香港發行所　城邦（香港）出版集團有限公司
　　　　　　香港灣仔駱克道193號東超商業中心1樓
　　　　　　電話：852-2508 6231　傳真：852-2578 9337
　　　　　　E-mail: hkcite@biznetvigator.com
馬新發行所　城邦(馬新)出版集團Cite (M) Sdn Bhd
　　　　　　41, Jalan Radin Anum, Bandar Baru Sri Petaling,
　　　　　　57000 Kuala Lumpur, Malaysia.
　　　　　　電話：(603) 9056 3833　傳真：(603) 9057 6622
　　　　　　E-mail: services@cite.my
印　　　刷　漾格科技股份有限公司
初 版 一 刷　2023 年 8 月 1 日

城邦讀書花園
www.cite.com.tw

ISBN：978-626-7195-40-6、978-626-7195-41-3（EPUB）　版權所有·翻印必究
定價：360元　　　　　　　　　　　　　　　　　　　　　Printed in Taiwan

想蓋高樓？
別急著拿到鐵鎚和釘子就猛敲

愛瑞克

　　此書以西蒙學習法為主軸，延伸出好幾條支線，涵蓋了有關學習、記憶、準備考試的各種面向，是一本通用型的學習書籍，無論是在校學生、職場工作者、終身學習的退休族，都可以從此書學到很實用的知識與技巧。

　　從西蒙的角度來看，**學習＝積極的學習動機×有效的學習方法×必要的時間投入**。此書開頭以上述公式為基底，逐一解析每一項要件，並且提供作者自身過去經驗當作實例佐證；書中也適時穿插一些其他人的成功案例，拓展了應用層面，讓此書的實用價值更加齊備、完整。

　　以「積極的學習動機」為例，西蒙喜歡讀書，他並沒有去問別人自己應該讀什麼書，而是有自己的選擇方法，完全根據自己的需要去看自己想看的書。這正是西蒙早年熱愛學習的關鍵──興趣導向。書中舉了「學霸」丁雯琪同學的例

子，她被美國麻省理工學院的電氣工程與電腦科學專業錄取，成了安徽省第一位被該校錄取的省內高中生，她表示：「興趣是最好的內驅力，良好的習慣幫助我做好時間管理，自學是非常重要的能力，自律是最好的保障。」她就是良好範例，讀自己想讀的書，而非由別人來告訴自己該讀什麼、該學什麼。

「有效的學習方法」則為此書之重心。書中所談的數十種方法或技巧，幾乎都是目前被廣為接受的高效學習法，雖然並非作者原創，然而書中能以淺顯易懂、人人可上手的方式來講解，對於不容易靠自己博覽群書「學習如何學習」的一般大眾來說，也有不小貢獻。

另外附帶一提的是，赫伯特・西蒙本身是一位跨領域的通才，在經濟學、管理學、電腦科學、認知科學、人工智慧、政治學、社會學、運籌學、心理學等領域都有涉獵，並在不同領域榮獲了多項國際大獎的肯定。乍看之下，他是個天才，我們普通人怎麼可能仿效他、達到一位天才所擁有的成就呢？

別誤會了西蒙，我們所看到他一生的偉大成就，並非奠基於天資，關鍵在於方法。若您用心讀完此書，便可理解成功者背後都有他們的一套方法，學霸不做白工，成功者也不拚苦勞。若能學會某些「學習的底層邏輯和技巧」，其實可以縮短達到學習目標的時間，而且超越原本我們的眼界，最

終達到遠高出我們所知的境界。

杜甫的詩作《茅屋為秋風所破歌》裡面有一段讓我感觸良多：「安得廣廈千萬間，大庇天下寒士俱歡顏，風雨不動安如山！」

我認為，若將學習一門新領域的知識（或專長）比喻為建造一棟樓房，那麼在我們開始動手蓋房子之前，應該要先把底層的邏輯和技巧搞懂，而不是急著拿到鐵鎚和釘子就猛敲。

先擁有一幅藍圖（設定有意義的目標）才是起頭最重要的那一件事。此外，現代的建造技術非常先進、高效率，先打好穩固的地基，再加上最新技術的輔助，人人都可以建造出屬於自己的高樓大廈，而不是被秋風所破的茅屋。

現代化學習有如現代化建造，而您手中這本書《西蒙學習法》即是最先進的學習入門手冊，先看完再開始學，絕對可以事半功倍。

願學習力與你同在！

本文作者為《內在原力》系列作者、TMBA 共同創辦人

活用知識電鋸，學習事半功倍

鄭俊德

如果你要砍倒一棵樹，你需要有好的工具，例如鋒利的斧頭；但如果你要快速砍倒一棵樹，則要懂得使用電鋸。學習一門新的技術或是懂得一門知識也是一樣，要活用電鋸才能事半功倍。

過去的校園教會我們從頭讀到尾的苦讀、背誦、抄寫，這樣的學習法雖然可以累積知識，但這個過程如同斧頭一刀一刀地砍著知識大樹，施力錯誤就會搞得腰痠背痛，覺得學習又苦又累，又或者嚴重傷到筋骨，對於學習開始畏懼或是放棄。

但如果我能告訴你學習是有方法的，而這方法是活用知識電鋸，你一定不再對學習感到厭煩或是拒之千里。

關於學習方法，網路搜尋就會發現很多人推薦五大學習法，另外也有人介紹十大學習法，常見的就是如下五種：費曼學習法、西蒙學習法、SQ3R、番茄工作法和心智圖法。

　　這當中第一個費曼學習法以教為學是非常有名的學習技術，不過這門技術有個缺點，就是如果時間緊迫或是沒有人願意給你教，那麼你學習已久的費曼，也只能搖頭無用武之地。

　　因此西蒙學習法更適合一般人學習使用，因為它不需要教別人，只要靠自己，懂得設目標、拆分知識，接著集中時間與精力學習即可。

　　西蒙學習法其實源自於諾貝爾經濟學獎得主西蒙教授，在一篇論文〈What we know about learning〉中探討的學習方法，不過這裡也補充一個真實面給大家，那就是他的文章中從來沒有提過「6個月掌握一門學問」這件事，但後續讀者的杜撰以及為了讓這學習法產生效益，網路上總有人加上了時間。

　　每門知識的難易度不同，有的學問甚至要花上數年之久才有可能掌握，如同一萬小時理論所述，所以六個月是比較誇張的。不過也有不少網友驗證，透過這套學習方法考取證照還是非常有效，或許距離成為專家或是大師還需要時間，但拿到不同階段的學習證明是有用的。

　　接著分享關於這套學習法的公式：

　　西蒙學習法＝積極的學習動機×（選擇學習領域＋設定學習目標＋拆分學習內容＋集中精力學習）×必要的時間投入

　　書中有個段落，提到朋友的砍樹故事，不過要砍的是楊樹與紅松，且只能選擇一棵來砍，在每次要砍之前，這位朋友總會加入新的條件，因此讓砍樹人深感不快，希望能趕快把條件講完，接著這個故事帶出一個重點：為何要砍這棵樹？如果清楚知道自己的動機「為什麼」，更能精準地投入學習。

　　積極的學習動機就是找到自己學習的「為什麼」，搭配四個步驟，並投入必要的專注時間，方能創造高效學習效果。

　　我們以閱讀這本書為例，來說明四個步驟的進行：

　　（1）選擇學習領域：搞懂西蒙學習法的應用

　　（2）設定學習目標：一個月內看完這本書並書寫心得

　　（3）拆分學習內容：這本書有六大章節，每週閱讀兩個章節，最後一週進行重點整理撰寫心得

　　（4）集中精力學習：每天通勤時間半個小時，以及睡前至少閱讀半小時。

　　這是西蒙學習法的大致應用方法，書中有更詳盡的操作介紹，您也可以自己規劃看看。

　　書中有一章節也帶給我極大的好奇，我想對多數朋友也很實用，那就是「如何喜歡上原來不喜歡的學科」。過去不喜歡的數學、討厭的英文、背不起來的歷史，都在這個章節

中，幫助我找到救贖。

他提到三大重點，分別是消除陌生感、尋找有趣的內容、心理暗示，我這邊以背誦歷史人物來舉例。

一、消除陌生感：試著去了解要記憶的人物生平故事，把他當朋友，去了解他的個性、嗜好以及祖宗十八代。

二、尋找有趣的內容：從相關資料中去了解這個人物的怪癖，例如錢鍾書和林徽因為了貓打架？朱自清〈背影〉其實另有真相？胡適熱愛打麻將？等等。

三、心理暗示：越討厭就越排斥，所以要告訴自己一切都有答案，我可以直接翻書考試、谷歌搜尋，給自己更多學習的信心，經過一段時間的暗示，就不會排斥學習了。

這是一本從西蒙學習法延伸探討許多學習工具的好書，更分享多個記憶法、筆記法、工作應用等方法，值得你好好深入學習了解。

工欲善其事必先利其器，快把這門知識電鋸《西蒙學習法》帶回家，砍倒你畏懼已久的知識大樹！考取證照、成為專家、邁向大師必然指日可待。

本文作者為閱讀人社群主編

讀書有方法，學習沒煩惱

孫易新博士

才剛剛有點搞懂什麼是元宇宙、如何應用元宇宙提升工作效率，沒想到七個月前（2022 年 11 月）橫空冒出了 ChatGPT，連帶 Midjourney 等人工智慧應用程式所產生的「作品」也不斷出現在我們的生活當中。有人視它們為洪水猛獸，也有人坦然面對，並思考如何善用這些如雨後春筍不斷冒出的 AI 工具。

先跟大家說個小故事。1982 年我從軍中退伍之後，第一個工作是服務於中國廣播公司器材組，負責廣播機器設備的採購、庫存等業務。當時的工作型態全部是以紙本作業，庫存管理靠的是一張張的卡片登記器材的進出，因此經常出現人為的疏失。由於我對於新事物總是充滿了好奇心，在那個八〇年代初期，個人電腦才剛剛開始出現在我們的生活中，我發現它應該可以解決庫存管理的問題並提高工作效率。但是我那部門的同事包括主管，沒人知道電腦是什麼東西，頂

多只知道它是一個玩遊戲的機器。於是我自掏腰包買了一台宏碁的「小教授個人電腦」（與 Apple II 相容的 PC），並報名參加資料庫管理系統相關的課程，最後我用 PE2 編寫 dBaseIII 的程式語言，創造出中廣公司第一套電腦化管理系統。組長看到我的績效，開始支持我繼續研發更完整的系統，並購買了一台 IBM5550 的個人電腦給我使用。有趣的是，同事之間有人支持這個計畫，並開始跟我學習電腦的操作，也有人抱著看好戲的心情，冷眼旁觀。後來公司有一次大裁員，那些排斥改革、不願學習新知識、新技能的全部不見了。

今天已經是 2023 年了，在這個快速變遷、發展的時代，我們面臨了許多全新的挑戰，為了解決新問題，我們得掌握新知識、學習新技能。因此，學習已經成為了一項永恆的任務。然而，我們的時間卻是有限的，因此需要一種高效而迅速的方法來快速學會新知識、新技能。這正是《西蒙學習法》這本書應運而生的背景。這本書將帶領我們走進一個全新的學習方式，幫助我們在短時間內有效地掌握所需的知識。

《西蒙學習法》不僅僅是一本關於學習技巧的指南，更是一本引領讀者建立良好學習習慣的寶典。書中的六個章節從不同的角度提供了解決學習障礙的方法，每一章節都是一道通向學習效能的大門。透過本書你將學會如何快速掌握新

知識、提高記憶力和閱讀理解的能力。這對於學生、專業人士和任何一個渴望不斷學習的人來說，都是一個寶貴的工具。因此，這本書是一個全方位的學習系統，將幫助我們建立起讀書學習的自信和動力。

　　當您閱讀這本書時，建議先從頭到尾快速通讀一遍，這樣能夠幫助您掌握學習方法的整體概貌。然後，根據自己的學習需求和感興趣的章節，選擇性地深入閱讀。每一章節都提供了具體的學習策略和實用的技巧，可以根據自己的情況進行調整和應用。除了閱讀之外，實踐是學習的關鍵，因此建議在閱讀過程中不斷實踐所學，並透過實際應用來鞏固和加深理解。

　　本書提供了實用的工具和方法，讓我們更快速、更高效地成為學習的大師。我期待著看到您在學習的旅途中，不斷成長和進步。讓我們一同揭開「西蒙學習法」的奧祕，開啟無盡學習的可能性！

臺灣師範大學社會教育研究所
孫易新博士

學到老，活到老

鄭緯筌

「西蒙學習法」（Simon learning method）是源於諾貝爾經濟學獎得主赫伯特・西蒙（Herbert Simon）教授所提出的一套學習理論。簡單來說，他認為對一個在某個領域有粗淺基礎的人來說，只要真正肯下功夫學習，短時間內就可以掌握任何一門學問。甚至網路上的說法是半年內。

西蒙教授的論述源自心理學的實驗成果，一個人平均只需花一分鐘到一分半鐘就可以記憶一則資訊，心理學家把這樣的一則資訊稱為「組塊」（chunk）。人們在學習時，如果可以把有待掌握的知識拆分成不同的組塊更有助於記憶。倘若你覺得組塊聽起來有點複雜，也可以將它理解為知識點。

西蒙教授認為，每一門學問所包含的資訊大約可以拆分成五萬個組塊。接下來，就是單純的數學問題了！如果我們每分鐘能夠記憶一個組塊，那麼理解五萬個組塊大約需要一千個小時。若以每星期學習四十小時來計算，那麼想要掌握

一門學問，大約只需要花半年的時間。

看到這裡，猜想你已經發現了！相較於坊間其他的學習方法，「西蒙學習法」強調透過了解問題的結構和組織方式來學習。當初在構思這套學習方法時，西蒙教授就特別關注學習者如何組織資訊、分析問題、進行模式識別以及進行推理和問題解決。

「西蒙學習法」的核心思想是將學習過程視為資訊處理的過程。學習者首先需要理解問題的結構和特點，然後將問題分解為更小的子問題，並尋找解決問題的規律和模式。透過這種結構化的學習方法，學習者可以更有效地掌握知識和解決問題。

換言之，西蒙教授主張學習者應主動參與學習過程，並鼓勵他們思考和理解問題，而不僅僅是被動地接收資訊。

「西蒙學習法」的主要特色，如下：

1.結構化學習：西蒙學習法強調結構化學習，即透過理解問題的結構和組織方式來學習。學習者將問題分解為更小的子問題，並尋找解決問題的規律和模式。這有助於提高學習者的組織能力和問題解析能力。

2.主動學習：西蒙學習法鼓勵學習者主動參與學習過程，而不僅僅是被動地接受知識。學習者需要思考、提問和探索，並自己發現解決問題的方法。這種主動參與有助於加

深理解和提高學習效果。

3.**問題解析能力**：西蒙學習法強調培養學習者的問題解析能力。學習者學會將問題分解為更小的子問題，並尋找問題的規律和模式。這有助於培養他們的邏輯思維能力和解決問題的能力。

4.**結構和模式的重要性**：西蒙教授認為結構和模式在學習中發揮重要的作用。學習者需要理解問題的結構和組織方式，並尋找其中的模式和規律。這有助於提高學習者的分析能力和抽象思維能力。

5.**跨學科應用**：西蒙學習法可以應用於不同的學科和領域，包括數學、科學、工程和計算機科學等。它提供了一種通用的學習方法，可以幫助學習者在不同領域中更有效地掌握知識和解決問題。

接下來，我想舉自己的案例來跟大家分享，我是如何運用西蒙學習法來自我精進？

隨著年紀增長，我注意到健康的重要性。跑步誠然是一項簡單又有效的運動，我很想效法其他朋友開始慢跑。但問題來了，以往我才跑幾步路就開始氣喘吁吁，這該如何是好呢？

後來，我從《原子習慣》這本書得到啟發，又從「西蒙學習法」得到理論的支持。所以，我最近開始練習超慢跑。

　　我把學習超慢跑，拆解成以下六個步驟：

　　1. 理解問題：明確認知自己的健身目標，例如：增加耐力、提升速度或減少體重等。同時了解跑步中可能遇到的挑戰，好比心肺能力不足、肌肉疲勞等。

　　2. 分解問題：將跑步健身分解為更具體的子問題，例如：增加跑步頻率、提升速度或改善跑步技術等。透過拆解的方式，有助於清楚了解自己的局限以及需要關注的細節。

　　3. 組織知識：收集有關跑步健身的知識和資源，例如：訓練計畫、專業指導、飲食營養和科學研究等。透過組織這些資源，幫自己擬定一個結構化的跑步訓練計畫。

　　4. 模式識別：尋找適合自己的跑步模式和規律，例如：呼吸節奏、步伐頻率與步幅控制等。著重於理解這些模式和規律，以提高跑步效率和減少受傷風險。

　　5. 推理和解決問題：應用所學的知識和模式進行實際的跑步訓練。例如，根據訓練計畫進行不同強度的跑步、進行間歇訓練或提升速度等。這樣的準備，可以讓我自己在實際運動中應用所學，並逐步達到健身目標。

　　6. 反思和評估：定期回顧和評估自己的跑步訓練過程，檢視進展和調整需求。試著找出訓練中的弱點或挑戰，並思考如何改進和調整你的訓練策略。

　　說來不怕大家笑，原本連一圈操場都跑不完的我，如今

已經可以透過超慢跑的方式，一口氣跑上三公里、五公里了。雖然，我還看不到許多朋友的車尾燈，但是我知道自己已經踏上運動健身的學習征程。

如果你想要健康、快樂地活到老，學習可說是相當要緊的一件事。我很樂意向你推薦《西蒙學習法：如何在短時間內快速學會新知識》這本新書。

我想，無論是學習跑步、英文或是程式語言，道理應該都是相通的。善用「西蒙學習法」，並根據自己的需求和進展進行調整。這樣的學習與訓練方法，可以幫助我們有效地提升能力。只要持之以恆地進行學習和訓練，相信你也能跟我一樣享受學習所帶來的益處和樂趣。

本文作者為《經濟日報》數位行銷專欄作家、
《1分鐘驚豔ChatGPT爆款文案寫作聖經》作者，
https://www.vistacheng.com

目次

第2章 選擇：用有限的時間學該學的

第3章 目標：讓學習有始有終

第4章 拆分：理清頭緒，學起來更簡單

第5章 集中：心無旁鶩，專注精進

第6章 技巧：讓學習變得簡單高效

前言

　　如何高效率學習，順利通過考試？

　　如何快速學習一個新領域的知識？

　　如何在短時間內大幅提升學習能力？

　　有一種學習方法可以解決這類問題，那就是西蒙學習法。

　　西蒙學習法是科學家赫伯特・西蒙所採用的一種學習方法。他不僅是諾貝爾經濟學獎的得主，被稱為「人工智慧之父」，還幫中國開創了認知心理學這門學科。一定會有讀者感到奇怪：這幾個看似不相干的獎項、稱號，怎麼會集中在一個人身上？

　　實際上，這些還遠遠不能概括西蒙的學術邊界。他涉獵的學術領域非常廣泛，包含經濟學、管理學、電腦科學、認知科學、人工智慧、政治學、社會學、運籌學、心理學等領域。他是人工智慧、資訊處理、決策制定等多個領域的開拓者之一，為多個領域的發展奠定了基礎。

　　在學校裡，很多學生認為那些功課好的同學每天把所有

的時間都用來學習，是只知道學習的人。實際上，所有功課好的人，往往對學習有一定的積極主動性，掌握了學習方法，再投入適當的時間，才取得了比較好的學習成果。這正是西蒙學習法的精髓。

為什麼西蒙學習法可以做到讓人在短時間內快速了解一個陌生領域呢？

西蒙在心理學領域對於學習有深入的研究。他認為人們在學習時，把待掌握的知識拆分成不同的「組塊」（chunk）更有助於記憶。這裡的組塊可以理解為知識點。西蒙認為，一門學問所包含的資訊大約可以拆分成5萬個組塊。

學習和記憶1個組塊大約需要1.5分鐘，5萬個組塊則大約需要7.5萬分鐘，大約是1,250個小時。假設每天學習8小時，大約需要156天，大約是5.2個月。

當然，這裡的所有資料只是估算。學問有大有小，學習時間有長有短，記憶程度有高有低，但西蒙學習法的原理和邏輯卻是被西蒙本人和許多人親自測試有效的。

萬物皆可物理學，西蒙學習法也是。西蒙學習法既不是只適用於西蒙本人的「個人總結」，也不是難以複製和學習的私人化獨特方法。其本質，是物理學中的廣義動量定理（General Theorem of Momentum），公式如下：

$$F\alpha t = MV$$

公式中的F表示力量，這裡的力量還可以指體力、智力、想像力、忍耐力等，而不局限於物理學中定義的力。

α表示方向，指的是力量朝向何處作用。

t表示時間，指的是力量在這個方向上作用的時間。

M表示廣義的品質，V表示廣義的速度，MV指的是成果。

公式中還包含一個隱藏變數——作用點，指的是力量具體是在哪個位置上作用。

成果MV是力量F在正確的方向α上作用於合適的作用點，經過時間t的累積效應。

所以廣義動量定理的含義是，成果與4個因素有關：一是力量的大小，二是方向，三是作用點，四是作用的時間。

顯然，廣義動量定理的適用範圍是非常廣的，不僅在物理學、管理學和經濟學等學科中適用，在個人的學習成長中同樣適用。

在愛因斯坦看來，成功＝正確的方法×努力工作×少說廢話。在稻盛和夫看來，結果＝思維方式×熱情×能力。

在西蒙看來，學習＝積極的學習動機×有效的學習方法×必要的時間投入。

這些公式的背後，都有廣義動量定理的影子。西蒙學習法也被人們稱為「錐子學習法」。

居禮夫人說：「知識的專一性像錐尖，集中精力就像是

錐子的作用力，時間的連續性就像不停地使錐子往前鑽。」

居禮夫人的這句話說出了西蒙學習法的核心原理。

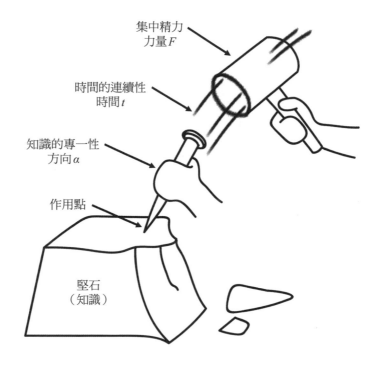

任何知識（學問）就像一塊堅硬的大石頭。用錐尖對準這塊堅石，就像是居禮夫人說的「知識的專一性」，也像是廣義動量定理中的方向「α」。

用一把錘子向錐子施加作用力，就像是居禮夫人說的「集中精力」，也像是廣義動量定理中的力量「F」。

持續不斷地敲打錘子，就像是居禮夫人說的「時間的連續性」，也像是廣義動量定理中的時間「t」。

當然，錐尖的位置，就像是廣義動量定理中隱含的「作用點」。這個原理也類似於燒開水，如果持續對水加熱，消耗一定能量後水很快就燒開了。但如果加熱一會兒就熄火，斷斷續續地加熱，可能消耗更多的能量，耗費更長的時間，水也始終燒不開。這也正是很多人總是「學不會」、「考不好」的原因。方法對了，連續作用，付出一定努力後，短時間就能學會；方法不對，作用不連續，即使努力沒少做，時間沒少花，也總是學不會。

越來越多的學校、企業等組織意識到西蒙學習法的作用，開始試著推行西蒙學習法。越來越多有學習需求的人開始接觸並享受到西蒙學習法帶來的學習成果。

畢竟在這個快速變化的時代，人們要不斷學習新的知識，就要擁有比較強的學習能力。

本書經由解析西蒙學習法的原理，總結和延展了西蒙學習法的實施方法，拆解和細分了西蒙學習法的實施步驟，藉由各種案例，來介紹西蒙學習法在日常學習、工作中的應用。

本書的作者團隊中有從牛津大學、倫敦大學和清華大學畢業的「學霸」，有多位知名公司高階主管，有暢銷書作家，也有秉持終身學習理念的創業者。這本書是團隊成員共

同的智慧成果。

祝讀者朋友們能夠學以致用，更好地學習和工作。本書若有不足之處，歡迎讀者朋友們批評指正。

本書的內容和體系架構

本書共6章。

第1章　速學：短時間學會新知識的方法

本章從整體來介紹西蒙學習法，包括西蒙學習法的優勢、西蒙學習法的公式、什麼是真正的學習、實戰中如何應用西蒙學習法、西蒙的學習成長對我們的啟示、如何用西蒙學習法指導完成考試與學業、如何應對偏科（編按：有些科目成績較好，但其他科目成績較差的情況）的問題、如何透過學習讓自己不斷增值。

第2章　選擇：用有限的時間學該學的

本章介紹西蒙學習法的第1步──選擇學習領域，包括西蒙是如何做選擇的、成功者如何思考、如何識別知識的品質、如何有效地學習、如何讓自己真正學會、如何找對導師、如何找對學習領域、如何提升競爭力。

第3章　目標：讓學習有始有終

本章介紹西蒙學習法的第2步──設定學習目標，包括什麼樣的學習目標是有效的、如何用最佳實務解決難題、如何萃取優秀經驗、如何用獎勵槓桿讓自己持續學習、學習者

應該抱持怎樣的態度、面對抉擇時如何取捨、如何找到和善用自己的優勢。

第4章　拆分：理清頭緒，學起來更簡單

本章介紹西蒙學習法的第3步——拆分學習內容，包括如何找到拆分學習的最小單位的方法、如何用中斷點續傳的方法學習、如何用記憶卡片充分利用碎片時間、如何用好心智圖、如何用金字塔原理拆分知識、如何用冪次法則抓住關鍵點、如何有效獲取學習資源、如何運用艾森豪法則管理時間、如何突破瓶頸正確學習。

第5章　集中：心無旁騖，專注精進

本章介紹西蒙學習法的第4步——集中精力學習，包括如何科學地應對注意力不集中的問題、如何養成專注做事的習慣、如何創造距離避免為小事浪費時間、如何提高專注力、如何科學地放鬆大腦、如何引爆情緒激發行動力、如何用舒爾特方格提升專注力、如何從生活的海綿裡擠出更多時間。

第6章　技巧：讓學習變得簡單高效

本章介紹用好西蒙學習法的一些技巧。這些技巧能讓你的學習獲得事半功倍的效果，包括案例學習法、關聯記憶法、延伸記憶法、兩頭記憶法、情緒記憶法、費曼學習法、競爭學習法、番茄工作法、康乃爾筆記法。

本書讀者對象

想取得好成績的各年級學生

想考取各種執照證書的考生

期望孩子樹立正確學習觀的家長

面臨職業轉換的職場人士

尋求事業突破的創業者

需要學習的自由職業者

接受新知識速度慢的中老年人

享受學習的終身學習者

希望短時間內學會新知識的人

希望透過學習改變命運的人

第1章

速學
短時間學會新知識的方法

萬物皆有方法論。學習本身與騎自行車、打籃球、游泳等運動項目一樣，是有方法論的。掌握高效的學習方法，就可能在短時間內學會新的知識。如果學習方法無效，則可能事倍功半。西蒙學習法就是一種世界公認的高效學習方法。

1.1　成為卓越：西蒙學習法好在哪裡

赫伯特・西蒙（Herbert Alexander Simon, 1916-2001）在很多領域取得了頂尖的學術成就，並透過諸多的學術成果為全世界的科學發展做出了巨大貢獻。

對於大多數學者，我們一般不會將其稱為科學家，而是某領域的專家，例如心理學家、管理學家。但對於西蒙，用科學家稱呼他則更貼切，因為他是20世紀科學界的奇才，也是個通才。他是世界上第1位獲得諾貝爾經濟學獎的管理學家，也是第1位獲得諾貝爾經濟學獎的心理學家，同時也被稱為「人工智慧之父」。

西蒙涉獵的學術領域非常廣泛，包含經濟學、管理學、電腦科學、認知科學、人工智慧、政治學、社會學、運籌學、心理學等領域。他是人工智慧、資訊處理、決策制定等領域的開拓者之一，為多個領域的學科發展奠定了基礎。

很多人認為，成為一個領域的專家需要「做深」，了解不同的領域需要「做廣」，而深度和廣度不可兼得，一個人一生能把一個領域研究透徹，成為一個領域的專家已經很難得了，不可能成為不同領域的通才。但西蒙向世人證明，這種觀念其實只是人們的固有認知。

西蒙在很多科學領域都有建樹，各個領域的世界級大獎他也拿過不少，西蒙的獲獎情況如表1-1所示。

表1-1　西蒙獲獎情況

領域	年份	獲獎情況
經濟學	1976年	美國經濟學會榮譽會員
	1978年	諾貝爾經濟學獎
管理學	1983年	美國管理科學院學術貢獻獎
	1995年	美國公共管理學會沃爾多獎
電腦科學	1975年	美國電腦學會圖靈獎
	1978年	國際人工智慧協會傑出研究獎
	1986年	美國國家科學獎章
	1995年	國際人工智慧學會終生榮譽獎
心理學	1969年	美國心理學會傑出科學貢獻獎
	1988年	美國心理學基金會心理科學終身成就獎
	1993年	美國心理學會終身貢獻獎
政治學	1984年	美國政治科學學會麥迪森獎

　　很多在某一領域深耕多年的專家學者終其一生都很難獲獎，西蒙卻能在經濟學、管理學和電腦科學等多個領域獲得最高榮譽。

　　為什麼西蒙可以在這麼多領域取得輝煌的成就？

　　西蒙並不是什麼過目不忘的「超人」，智商也沒有高到讓人望塵莫及。西蒙的卓越，主要得益於他的學習方法。西蒙曾說，只要方法得當，肯下功夫，具備一定的基礎，人們就可以在短時間內掌握任何一門學問。

學習法是關於學習的方法，是掌握各類知識的方法，是「掌握萬法之法」。而西蒙學習法又是各種學習方法中被世人公認高效的。西蒙本人的卓越已經證明了這一點，掌握西蒙學習法後，就有可能快速學會許多知識。

本書接下來的內容將會深度解析西蒙學習法的原理，並用理論連結實際，結合更多學習方法論，探討西蒙學習法的延伸應用。

中國科學院院士華羅庚曾說：「在尋求真理的長征中，惟有學習，不斷地學習，勤奮地學習，有創造性地學習，才能越重山，跨峻嶺。」其實學習是一件很舒服的事情，因為人在學習的時候，除了學習什麼都不用想，但不學習的時候，什麼都要想。

西蒙和中國有非常深的淵源，算是個「中國通」。他先後10次到訪中國。除美國外，他在中國度過的時間比在任何其他國家都要長，加起來足足有一年。他還是中國科學院首批外籍院士。

西蒙有個中文名叫「司馬賀」。北京師範大學心理學院教授張厚粲回憶，這個中文名是西蒙和曾任中國心理學會理事長的中國心理學會終身成就獎得主荊其誠先生一起取的。

荊其誠與西蒙私交甚好，曾多次邀請西蒙來中國。1983年，西蒙受邀來到北京大學講授認知心理學。後來，荊其誠和張厚粲根據其授課內容，形成著作《人類的認知》。

西蒙的英文名叫Herbert Alexander Simon。美國人的姓名結構一般是名字‧名字‧姓氏，姓氏在最後，名字在前面。Simon是西蒙的姓氏，Herbert和Alexander是西蒙的名字。

美國人的中間名一般只在家族內部使用，有點類似中國父母給孩子取的小名。美國人書寫自己的名字時一般只保留中間名的首字母，有人則習慣省略不寫。除生活中比較私人的交流外，外人一般不會稱呼對方的中間名，法院也不承認中間名是法定姓名，所以西蒙的英文名也可以稱為Herbert Simon。

西蒙的姓氏是Simon，中文的書面翻譯習慣將Simon翻譯成「西蒙」。但實際上，Simon的英文發音更接近「賽門」，「西蒙」更像是某個法語名的發音。荊其誠跟西蒙說，在古代，中國有不少姓「司馬」的名人，例如司馬光、司馬懿。Simon的發音「賽門」跟「司馬」有些類似，所以西蒙的中文名可以姓「司馬」。

中文姓名一般是2個字、3個字或4個字。姓用了複姓，名還可以取1個字或2個字。西蒙的名字是Herbert，讀音類似「赫伯特」。荊其誠覺得可以取「賀」字，一來與Herbert的首音發音相同，二來恭賀西蒙來到中國，三來「賀」字也有喜慶、祝頌的含義，是個寓意正面、人們喜聞樂見的好字。

西蒙對「司馬賀」這個中文名字很滿意，在中國時一直

使用自己的中文名字，向中國人介紹自己時，也喜歡自稱
「司馬賀」。

1.2 學習祕訣：西蒙學習法的公式

如何使用西蒙學習法？

西蒙學習法＝積極的學習動機 × 有效的學習方法 × 必
要的時間投入。

西蒙認為，學習的過程是對一連串的符號進行學習、儲
存及以後提取和應用的過程。實現這一過程只靠記憶顯然是
不夠的，還要將所得到的資訊進行延伸創造。

學習需要動機和獎勵，人必須知道學習可能為自己帶來
的好處，也就是學習能幫助其行為得到某種改善，或給自己
帶來某種報酬，讓自己獲得某種獎勵。這種改善、報酬或獎
勵能夠強化人們學習的動機。

根據西蒙的觀點，我們來梳理一下有效學習公式中的三
大要素。

1.積極的學習動機

學習需要透過內驅力來強化，就像燃油車需要汽油才能
跑，電動車需要電才能跑。這種內驅力來自人類趨利避害的
本性。當某種事物給人帶來的學習內驅力夠強時，人們就會

積極學習；當缺乏學習的內驅力時，人們對待學習的態度將會變得消極。

　　學習動機就是為學習提供能量的「燃料」。當然這種「燃料」不一定是外在的、物質的，也可能是內在的、精神的。例如，當人們做成某件事時，如果完成得很漂亮，人們會產生一種內在的滿足感，滿足感同樣可以讓人產生學習動力。

2. 有效的學習方法

　　學習方法有很多，本書要講的是西蒙學習法，所以這裡將有效的學習方法的內容替換為西蒙學習法的實施步驟。西蒙學習法具體來說要如何實施呢？簡單說，可以分成 4 個步驟：

（1）選擇學習領域

（2）設定學習目標

（3）拆分學習內容

（4）集中精力學習

　　本書接下來會圍繞這 4 個步驟展開詳細描述，這裡便不再展開。

　　將西蒙學習法的實施步驟代入有效學習公式，可以將有效學習公式做如下變換：

　　西蒙學習法＝積極的學習動機×（選擇學習領域＋設定學習目標＋拆分學習內容＋集中精力學習）×必要的時間投入

3. 必要的時間投入

學習必然需要時間的投入，需要大量實踐和練習、大量試錯和修正、大量回饋和調整，這樣才能建立起有效解決同類問題的程序。

麥爾坎・葛拉威爾（Malcolm Gladwell）講過一個「一萬小時定律」，大致意思是每個了不起的人都要經過大約一萬個小時的練習才能最終成功。莫札特練習了一萬個小時才成為傑出的音樂家，比爾・蓋茲練習了一萬個小時的程式設計才取得成功。

西蒙學習法中「積極的學習動機」、「有效的學習方法」、「必要的時間投入」三大要素的相關內容，會在本書接下來的不同章節中詳細介紹。

1.3　學習真相：到底什麼是真正的學習

常聽人說，知道了那麼多道理，卻依然過不好一生。於是有些人據此得出了學習無用論。

這是典型的錯誤推論。如果非要從世俗的角度評判，學習並非必然帶來成功，但不學習必然導致失敗。

為什麼會有「知道了那麼多道理，卻依然過不好一生」這種情況呢？

從知行合一的角度，可以解釋為知道不等於做到。從機率論中常態分布的角度，可以解釋為成功者只有少數。但實際上有一個更容易理解的解釋，那就是知道不等於學到，知道了道理，不等於學到了道理。知道道理，只是「以為自己學會了」，而不是「真的學會了」。

知道是什麼？

知道只是記住了資訊，而不是學到了知識。很多人有一個認知誤區，認為學習知識就是知道了原本不知道的某個資訊。這其實不是學習知識，只是單純地記憶資訊。學習不是記憶。

這就是為什麼很多孩子小學的時候經常能夠考試拿滿分，但是上了國中之後，考試拿滿分變得越來越難。有的家長認為是因為孩子上國中後變得越來越貪玩，不愛學習了。實際上最主要的原因是小學階段的學習大多依靠記憶，只要記住一些資訊，考試時能夠回憶起來，就有可能拿滿分。例如國小語文的認字、認詞、背誦課文，國小數學的背誦乘法口訣表，國小英文的認字母、音標和一些簡單的單字等。

在國小階段，死記硬背可能是有效的。可是到了國中，考題考的已經不全是需要記憶的資訊，學生光是靠記憶漸漸無法解出考題，必須真的學會某種解題的程序，才能取得好成績。這一點在數學、物理、化學這類理科科目中尤其明顯。

這正是人們常說的學習需要理解。真正的學會，必然是

理解之後的融會貫通。

著名物理學家愛因斯坦（Albert Einstein）說：「學習知識要善於思考，思考，再思考。」

筆者總結了一個學習的ABC原理：看到了A，學到了B，用出來變成了C，這才是真正的學習成長。很多人不是這樣的，很多人是看到了A，記住了A，就只會用A，結果用的時候發現A沒有解決問題，就說A沒有用，這其實是不會學習的表現。

當我們看到A時，記住A需要記憶力；當我們記住A後，學到B需要總結、歸納、發散的能力；當我們學到B時，想要用出C，則需要對場景進行觀察、思考，同時對B不斷練習、復盤並不斷調整。

所以，學習能力從來都不是單一的記憶力，而是能夠發散思維、舉一反三，並能在實際應用時靈活變通的能力。記憶和學習最大的不同在於，記憶是靠「量」取勝的，而學習是靠「法」取勝的。

人能接收和記住的資訊是有限的，當然這不是因為人的腦容量有限。腦科學的研究認為，人的長時記憶儲存空間可以認為是無限的，所以不需要擔心腦子裡裝的東西多了，就無法再裝進更多的東西。

人能記住的資訊有限，是因為人的時間有限，持續就某一類問題記憶過多的資訊是無意義的。例如對於寫作來說，

記住一些詩詞是必要的，但記住古往今來所有的古詩詞則不一定有必要；對於數學來說，為了方便計算，記住乘法口訣是必要的，但記住所有數字相乘後的計算結果則不一定有必要。

退一步講，就算有個人能把古往今來所有的古詩詞，甚至文學作品全部記住，能代表這個人學會寫作了嗎？當然不能。否則，人工智慧早就應該能持續不斷地寫出最優雅的詩詞歌賦了。

真正的學習需要什麼呢？

（1）資訊。必要的資訊是學習的基礎，雖然學習不等於記住資訊，但學習需要有必要的資訊。

（2）案例。純粹的資訊有時是抽象的，案例是資訊的具像化應用。有了案例，資訊就有了應用場景。

（3）練習。持續一段時間的練習是對所掌握資訊的鞏固和理解，有助於在大腦中建立起某種程序。

（4）回饋。經由回饋，人們獲得正確的認知或錯誤的驗證，於是能不斷修正，並在大腦中不斷重新建構程序。

1.4　源於熱愛：西蒙的學習成長給我們什麼啟示

西蒙的學習動機來自哪裡呢？

來自他對知識的好奇和渴望。西蒙對學習新知識的熱愛，源於他的家庭環境。對西蒙的學習成長影響比較大的人主要有3位：西蒙的父親、西蒙的母親，還有西蒙的舅舅。

西蒙出生在美國威斯康辛州的密爾瓦基。他的父親叫亞瑟‧西蒙（Arthur Simon），是個德國人，1903年移民至美國密爾瓦基市，一開始在一家製造公司擔任工程師，後來成為一名專利律師。1934年，西蒙的父親獲得馬凱特大學（Marquette University）的榮譽博士學位。

西蒙的父親是個發明家，數學和科學等學科的基礎很好，發表過不少論文，擁有很多項發明和專利。西蒙知道這件事，但從沒有問過父親：「您的發明是怎麼回事？」原因有二：一是如果父親說了，就會讓發明變得無趣；二是直接得到答案就像是作弊。西蒙更喜歡自己從書中尋找答案。

西蒙的母親叫埃德娜‧瑪格麗特‧默克爾（Edna Marguerite Merkel），是美國人，一開始是鋼琴教師，1910年與西蒙的父親結婚後成為家庭主婦，後來活躍於當地的音樂俱樂部，經常參與表演活動。

西蒙的父親給他樹立了學習的榜樣，母親則給了他不少關愛。相比於父親，西蒙的母親和他更親近一些，她對西蒙一直很和善，讓他擁有充足的愛。西蒙小時候和母親相處的時間更長，母親關心他的成長，會時不時問他最近都學到了什麼。

西蒙的舅舅叫哈洛德‧默克爾（Harold Merkel），是威斯康辛大學的高材生，師從經濟學家約翰‧康芒斯（John R. Commons），曾為國家工業委員會（National Industrial Conference Board）工作。可惜他的舅舅英年早逝，去世時年僅30歲。

西蒙的舅舅喜歡讀書，給他留下了各種各樣的書。受舅舅的影響，西蒙也漸漸喜歡讀書。西蒙從10歲開始就嘗試閱讀各類型的書。透過閱讀，他自學了經濟學、心理學、古代歷史、解析幾何、代數和物理等學科。

西蒙家中書架上的《聯邦論》（*The Federalist Papers*）和威廉‧詹姆士（William James）的《心理學》（*Psychology*）就是當初舅舅留下的。

後來，家裡的書和舅舅留下的書都讀完了，西蒙就去附近的公共圖書館找書讀。這讓他很早就有機會沉浸在知識的海洋中。

在他常去的公共圖書館所在的大樓裡還有博物館，他也經常跑到博物館學習，甚至對博物館裡的每個藏品都瞭若指掌。後來他還迷上了昆蟲標本，和博物館裡的昆蟲學家成了朋友。

典型的問題家庭裡，一般會有一個缺席的父親、一個焦慮的母親和一個失控的孩子。父親不僅無法作為表率，還給不了關心和陪伴；母親擔心孩子不成才，一味揠苗助長；孩

子感受不到愛，只感受到壓力，於是叛逆應對。

　　內在的學習動機比外在的學習動機更有效，也更能持續。西蒙為什麼可以持續學習，不斷精進？為什麼不像很多人那樣被各種休閒娛樂所吸引？因為讀書學習本身就是西蒙的興趣，就是他喜歡的。

　　一個人做自己喜歡的事時，不僅可以自發地投入，而且更容易堅持。過程中如果有一定的正回饋，就會不斷產生正面情緒。反過來，如果一個人是出於外在壓力被迫做某件事，就要抑制住負面情緒，負面情緒可能在到達某個臨界點後衝破壓力，結果必然無法持續。

　　這就是為什麼有一些學生在考試前能夠努力學習，考上大學之後，沒有了家長和老師施加的外部壓力，就把學習扔到一邊，結果被當或要重修，嚴重的甚至被退學。

　　法國啟蒙思想家狄德羅（Denis Diderot）說：「不讀書的人，思想就會停止。」

　　西蒙雖然熱愛讀書學習，但他並不是死讀書。他還喜歡彈鋼琴、下西洋棋和畫畫，曾經花了不少時間在這些活動上。因為掌握了較好的學習方法，且自己學習能力也強，西蒙在這些領域也都很專業。

　　和很多玩物喪志的人不同的是，西蒙知道自己最熱愛的是學習知識和做科學研究，所以當科研學習的時間與休閒娛樂的時間衝突時，西蒙會毫不猶豫地選擇科研學習。可以

說，學習就是西蒙最大的休閒娛樂，科研就是西蒙最感興趣的事。

世界知名投資家巴菲特的合夥人查理·蒙格（Charlie T. Munger）曾說：「我這輩子遇到的來自各行各業的聰明人，沒有一個不每天閱讀——沒有，一個都沒有。而巴菲特讀書之多，可能會讓你感到吃驚，他是一本長了兩條腿的書。」

獲得新知可以激發人腦分泌多巴胺，給人帶來快樂。把學習變成興趣，學習過程將自然變得主動且能夠持續，學到的越多，人就越快樂。如果把學習視為負擔，那學習過程必然是被動且無法持續的。

當一個人的學習成績不好，不喜歡讀書學習時，首先要做的不是「向外求」，試圖用施加外部壓力來迫使自己學習，而是應該「向內求」，先讓自己喜歡讀書學習。

如何讓自己對讀書學習產生興趣呢？

腦科學研究表明，不帶負面情緒地持續做某件事，當累積一定的時間後，自然就會對這件事產生興趣。對讀書學習產生興趣的方法，就是每天拿出固定的一段時間，不帶任何負面情緒地讀書學習，時間久了就會喜歡讀書學習。

看到這兒一定會有讀者產生這樣的疑問：每天拿出固定的一段時間來讀書學習，這需要堅持，需要自制力，自己做不到，怎麼辦呢？有一個不需要自制力的簡單方法——養成習慣。這一點在之後的章節中會詳細介紹。

1.5　內在驅動：「學霸」們如何運用西蒙學習法

西蒙喜歡讀書，他是如何選擇自己的閱讀書目的呢？

他沒有去問別人自己應該讀什麼書，而是有自己的選擇方法。他認為百科全書上有圖書索引，公共圖書館裡又有不同圖書的目錄。他完全可以根據自己的需要選擇自己想看的書。這正是西蒙早年熱愛學習的關鍵——興趣導向。根據自己的興趣，讀自己想讀的書，而非由別人來告訴自己該讀什麼、該學什麼。

作家赫曼‧赫塞（Hermann Hesse）說：「世界上任何書籍都不能帶給你好運，但是它們能讓你悄悄成為你自己。」

學校中不少「學霸」的學習方法和西蒙學習法有異曲同工之妙。這些「學霸」有的是刻意為之，有的是不自覺地使用。不論是哪一種，他們都有一個共同的特點——培養了學習興趣。

2021年，合肥一中美國高中班的丁雯琪同學被美國麻省理工學院的電氣工程與電腦科學專業錄取，成了安徽省第1個被美國麻省理工學院錄取的省內高中生。

丁雯琪在高中期間就獲得了丘成桐中學科學獎（電腦類）、美國電腦奧林匹克競賽白金獎、英國奧林匹克競賽銀獎、中國化學新星挑戰賽金獎。同時，她還參加了Pioneer Academy先鋒學院、史丹佛數學營、賓州大學暑期夏校（複

雜網路）的活動。

說起自己學習成績好的祕訣，丁雯琪說：「興趣是最好的內驅力，良好的習慣幫助我做好時間管理，自學是非常重要的能力，自律是最好的保障。」

1.興趣

丁雯琪從小就喜歡看書，閱讀範圍很廣，什麼類型的書都看。她經常會看書看到入迷，吃飯時還在看，甚至會舉著筷子忘了吃飯。讀書擴展了丁雯琪的視野，書中講到的地方她都會迫不及待地想去遊覽。每到寒暑假，她就會和家人一起去旅行，去書中講到的地方看看。

她小時候愛看哈利波特系列小說，看完中文版又看英文版。開始看英文版時看不懂，遇到生字她就查字典，後來漸漸能全部讀懂了。她發現讀英文版小說讓她對小說的細節有了更深刻的理解，不僅獲得很大的樂趣，而且讓自己養成了讀英文原著的習慣，為她將來的英文學習和閱讀理解提供了很大的幫助。

2.習慣

這樣的學生，是不是把所有的時間和精力都放在學習上？實際上並不是。上高中前，丁雯琪就已經通過了中國古典舞十級、鋼琴十級考試，學了7年的芭蕾舞和多年的書法，而且羽毛球也打得非常好。

在她上小學的時候，母親就幫助她養成了好的學習習

慣。例如，每天放學回到家要先寫作業，寫完作業才能玩。小孩子都貪玩，她也一樣，但在父母的嚴格要求下，她漸漸養成了很多好的、有助於學習的習慣。

3. 自學＋自律

丁雯琪的班主任倪成陽老師說：「丁雯琪最大的特點就是自學能力很強，特別自律，願意花時間鑽研。」丁雯琪說，她的父母本身工作也很忙，平時沒有那麼多時間管她，但父母踏實工作的態度給她樹立了很好的榜樣。

她覺得，小學的知識比較基礎，知識面窄，但上了國中，知識面開始變廣，僅靠學習教材上的內容和做題目是很難把知識點真正「摸透」。這就需要自學，深入挖掘和研究知識點背後的知識體系。

作家齋藤孝說：「學習本來是對未知事物的求知欲、好奇心，是一種由內而外自發形成的欲求。換句話說，就是一種受學習欲望驅使的行為。但不知從何時開始，學習從一種欲求變成了一種義務，從『我要學習』變成『要我學習』。我們從小就被養成了『學習就是完成作業』的習慣，這讓我們無法主動學習，也無法積極地思考自己想做什麼、該怎麼做。」

興趣是最好的老師，與丁雯琪類似有內在驅動力的，還有楊景程同學。

在法國巴黎舉辦的第 51 屆國際中學生化學奧林匹克競賽

中，湖南省長沙市第一中學的楊景程同學榮獲金牌。周圍人評價楊景程同學，說他最大的特點就是專注、自律和堅持。

教練王治斌說，楊景程很會安排、規劃自己的學習，競賽班的上課內容包括高中教材中的內容還有無機化學、有機化學等大學教材的內容，楊景程都學得很好！

班主任陳奇志說，楊景程語文特別好，喜歡閱讀，有時候喜歡在手機上看一點小說或者玩遊戲，這時候只要老師提醒一下，他馬上就能接受意見停下來，投入學習中。他每天都堅持制定學習計畫，很有韌勁。

愛好是自學的內在驅動力，有了這種驅動力，就算本來不是「學霸」，也可以學會別人難以學會的知識。例如，像程式設計這種比較複雜的知識，只有高學歷的人才能學會嗎？當然不是。大專畢業的年輕人李桑郁，先利用閒置時間自學程式設計，又用了6個月時間寫出了一個智慧系統，大幅度降低了列車編號核對和噴塗的出錯率，為單位降低了20萬元的成本。他的研發成果還獲得了2020年度深度學習技術及應用國家工程實驗室頒發的「產業應用創新獎」。

李桑郁2018年大專畢業後考入中國鐵路武漢局集團有限公司，從事外制動鉗工的工作，也就是負責檢修火車的「煞車系統」。他說自己上大專的時候就對程序控制感興趣，但是程序控制需要打好數學的基礎，他便用「旁聽」的方式學習數學，有不懂的總是主動向老師請教。

　　李桑郁從小在鐵路大院裡長大，對鐵路有很深的感情。他堅信鐵路系統也會有智慧化應用的空間。愛好是重要的學習驅動力，有了學習驅動力，就算原來的知識基礎不足，同樣也可以學有所成。

　　丁雯琪、楊景程和李桑郁對於學習的態度與西蒙很像，正應了那句話：優秀的人總是驚人地相似！

1.6　反轉偏科：如何喜歡上原來不喜歡的學科

　　在學校學習中，很多人有偏科的情況，這一點連「學霸」也不能倖免。造成偏科的最大原因是不喜歡。一個人如果不喜歡正在學習的科目，那麼就會導致他不能全心全意地投入。

　　人會因為喜歡而產生積極的心情和主動的行為。當學生喜歡一門課時，他會滿懷期待地上課，開心地完成作業，也會為解決了一個難題而歡欣鼓舞。喜歡，可以讓學習效率大幅提升。

　　相反地，如果不喜歡，那就麻煩了，可能一上課就頭痛，一看作業就煩惱。所以，為了提高學習效率，我們最好能讓自己喜歡上所有的學科。

　　實際上，每一門學科都有它的美，我們試著去發現不同

學科的美，學著去欣賞不同學科的美，這樣就比較容易喜歡上所有學科。上大學前，閱讀的習慣和對知識的好奇讓西蒙的各門學科成績都不錯。他幾乎沒有討厭的學科。

當學生出現偏科問題時，如何讓他喜歡上原來不喜歡的學科呢？

1. 消除陌生感

要喜歡一個東西，必須對它有一定的熟悉感，至少要對其中一部分內容有熟悉感。

在筆者小時候，親戚曾送給筆者一套講中國歷史的《上下五千年》。在家無聊時，筆者就翻看這本書。等學校上歷史課時，筆者一下子就喜歡上了這門學科。因為筆者對於課本上的很多內容都很熟悉，所以學起來很有興趣，也特別省力。

剛開始學英文時，筆者特別不喜歡這門課，因為之前沒有接觸過任何與英文有關的資訊，覺得這門學科離自己很遙遠、很陌生。第一次看到26個英文字母時，覺得它發音怪怪的，寫法也怪怪的。筆者花了整整一週時間，才徹底熟悉它。後來每天背幾個單字都要花將近一個小時的時間。

所以，想要喜歡一門學科，我們最好平時多接觸它，在正式開始學習之前，多了解這門學科相關的故事或背景。例如，我們可以多看一些旅遊類紀錄片、與歷史相關的漫畫、科普類的小故事等，這些都有助於我們喜歡上相關的學科。

2.尋找有趣的內容

學習的過程有時是枯燥的，如果能增加一些趣味性，就能幫助我們喜歡學習。就像製藥廠會將藥粉放到一個膠囊中，或裹上糖衣，這樣我們吃藥時就感覺不那麼苦。同樣我們可以找一些有趣的東西，將枯燥的知識包裹起來，幫助我們慢慢對它產生興趣。

例如，筆者一開始很不喜歡英文課，後來在英文輔導資料上看到了一個英文單字的字謎遊戲，遊戲要求玩家在橫豎交叉的方格內填入對應的字母，從而構成單字，筆者一下子就喜歡上這個遊戲，不停地查字典、填空，玩得不亦樂乎。

為了玩得盡興，筆者還會自己蒐集單字來設計各種的字謎遊戲，並分享給同學。藉由這個遊戲，筆者就喜歡上英文了。

所以，為了讓學習過程不那麼枯燥，我們需要花一些時間尋找課程中的趣味，如專門的遊戲或一些趣味故事等。

3.心理暗示

越怕什麼，越來什麼──這就是心理暗示。我們越是害怕某個學科，可能就越學不好它。因為這種負面認知會抑制我們的學習動力，降低我們的學習效率。

這時，我們需要建立正面的認知。假設我們討厭數學，我們可以每天默念幾次「我喜歡數學」；我們可以在便利貼上寫「我一定能學好數學」，並把它貼在我們的桌子上。堅

持一段時間後，我們可能會發現數學並沒有那麼討厭，學起來似乎還挺有意思的。

喜歡或討厭一門學科，本質上是一種個人的主觀感受。如果我們不去改變，這種感受會一直存在，甚至不斷加強。如果是喜歡還好，如果是討厭，則會讓我們的學習過程變得痛苦不堪。

所以，我們最好能提前接觸相關內容，消除陌生感；在學習過程中尋找有趣的內容，消除枯燥感；同時每天都給自己做心理暗示，幫自己喜歡上不同學科。這樣，我們就可以輕鬆面對不同學科，喜歡它們，也能學好它們。

1.7　積木遊戲：讓自己持續增值的策略

人生沒有捷徑，如果非要說有，那麼學習就是人生最好的「捷徑」。終身學習不應該只是一種興趣，更是一種讓自己活得更好的策略。學習是給自己最好的一種投資，是讓自己不斷增值的最好方式。

持續不斷地學習，仿佛是在玩一場搭積木的遊戲。

世界上的人有兩種典型的活法：一種是搭積木遊戲式的活法，另一種是抽積木遊戲式的活法。搭積木遊戲是把積木搭起來，看誰搭得穩、搭得高、搭得好看。抽積木遊戲是把

已經搭好的呈某種形態的積木依次抽出一塊，誰抽出積木後積木塌了，就算誰輸。

這兩種積木遊戲最後都是比輸贏，但搭積木遊戲玩到最後，即使輸了，輸家也搭出了一種屬於自己的積木形態。但抽積木遊戲玩到最後，贏家雖然贏了，但積木整體形態已經改變，除了贏的感覺外，什麼也沒有剩下。

如果重複搭積木遊戲多次，即使某人每次都輸，每次也都能得到一種屬於自己的積木形態，都有收穫。如果重複抽積木遊戲多次，不僅不存在永恆的贏家，而且不論重複遊戲多少次，所有玩家最後也都沒有留下什麼。

搭積木遊戲的核心邏輯是累積，是做加法；抽積木遊戲的核心邏輯是耗損，是做減法。選錯了活法，人生註定會輸。選擇了搭積木遊戲式的活法，就算輸了一時，從長遠來看，也不算輸。選擇了抽積木遊戲式的活法，就算短期內會贏，最終也必然輸，不存在永恆的贏家。

什麼是搭積木遊戲式的活法？比較典型的有以下幾種：

（1）終身學習，不斷建構健康成熟的心智模式。

（2）持續學習和深耕某領域，成為該領域的專家。

（3）不斷深入研究某問題，成為解決該問題的專家。

什麼是抽積木遊戲式的活法？比較典型的有以下幾種：

（1）每天只會打卡上班，單純出賣自己的時間和勞動力。

（2）把大部分時間和精力投入休閒娛樂中，不思進取。

（3）不斷換工作，尤其是經常變換自己所從事的專業領域。

正確的活法是讓自己活在一個搭積木遊戲中，而不要陷入抽積木遊戲。

西蒙正是讓自己活在一個搭積木遊戲中。雖然看起來他研究的學科領域眾多，但這些學科領域說到底都是人為劃分的。其實西蒙畢生都圍繞著一個問題在研究——人類的大腦究竟是如何運作的。西蒙臨終前都認為自己對這個問題的研究還遠遠不夠。

科學界的巨人、文壇的巨匠、商界的菁英正是因為心無旁騖、聚精會神，以終身之力去做好一件事，讓自己處在搭積木遊戲當中，才最終得以創造了歷史。

〔專欄〕
零基礎3週學會彈《給愛麗絲》，
鋼琴學習中的西蒙學習法

　　西蒙學習法不能說是西蒙「發明的」，應該說是西蒙「歸納發現」並親身應用證明是有效的。西蒙學習法的邏輯經常出現在日常學習、工作、生活等不同場景下，可見學習的方法總是大同小異。

　　魔術師劉謙曾在某視頻網站上發布過一個展示自己如何3週學會彈奏貝多芬的鋼琴曲《給愛麗絲》的影片。影片中，他嫻熟地彈著鋼琴，非常動聽。非專業人士聽起來，會覺得他應該至少有幾年的鋼琴基礎。

　　實際上，劉謙在學會彈這首鋼琴曲之前，是零基礎的。他完全不懂鋼琴，連樂譜都看不懂。直到他可以完整順暢地演奏貝多芬的《給愛麗絲》整首曲子，他還是看不懂樂譜，甚至不知道鋼琴的每個琴鍵代表什麼意思。

　　劉謙說，他的這套學習方法也許不會得到正統的鋼琴教師的贊同，卻是一種學習的「捷徑」。走這條捷徑，人們可能就會有學習的興趣。如果學習一樣東西，動輒就要以年為單位才能獲得成果，很多人會因此望而卻步，失去學習興趣。如果能在短時間內取得某種自己可以接受的階段性成果，必然會大大提高學習興趣，激發學習動力。這對應著有

效學習公式中「積極的學習動機」。

劉謙具體是怎麼做的呢？

第1步，設定目標。

在鋼琴學習方面，劉謙期望在最短的時間內，彈出一首像樣的曲子。因此劉謙給自己設定的具體目標是：在3週之內能夠完整彈奏貝多芬的《給愛麗絲》。

劉謙強調目標的制定要符合「SMART」原則。例如，「3週之內會彈鋼琴」或「3週之內會變魔術」就不是個好的目標。因為什麼叫「會彈鋼琴」？什麼叫「會變魔術」？這些目標不夠具體，也無法衡量。

他認為目標可以設定得有一定難度，但不能太難。例如「3週之內，完整彈奏出李斯特的《鐘》」或「3週之內，完整彈奏出蕭邦的《二十四首練習曲》」，也許可以做到，但不一定會獲得比較好的結果。

第2步，拆解。

拆解的意思是，要達到這個目標，有些東西是不需要知道的。根據冪次法則（80/20法則），任何事物，只有20%是重要的。要實現「3週內完整彈奏《給愛麗絲》」這個目標，真正重要的那20%是什麼呢？

（1）認識鋼琴琴鍵的分組。劉謙說直到學會這首曲子時，他依然不知道每個琴鍵代表什麼音符，或有什麼含義，他只是記住了琴鍵的分布結構。這是為了最小化自己達到目

標所需要學習的知識。

（2）確認動作，即知道彈奏《給愛麗絲》時，兩手分別應該按哪些琴鍵。劉謙在網路上找了彈奏《給愛麗絲》的影片，他沒有找那種教別人如何識譜的影片，而是專門找那種教別人該如何按琴鍵的影片。實際上劉謙是直接學習彈奏《給愛麗絲》時手指的具體動作。

（3）分段學習。《給愛麗絲》這首曲子有5段。第1段、第3段和第5段是相同的。也就是說，只需要學會第1段，就已經學會了這首曲子的五分之三。鑑於第1段的重要性，練習時可以多花些時間在第1段上。

（4）難點擊破。第2段和第4段中都有比較難的段落，包含比較難的技法（三十二分音符和琶音）。這些段落要單獨拿出來重點練習。

第3步，練習。

無意義的重複是無效的練習，得不到想要的效果。練習不能漫無目的，要精準地、有計畫地練習。劉謙的做法是連續3週，每天雷打不動地練習1個小時。

劉謙說他經過3週的練習學會了彈這首曲子，在之後的2個月的時間裡，他也會經常彈這首曲子來防止自己忘記。但在彈奏效果上沒有任何進步，因為他沒有進行針對性的練習，只是漫無目的地簡單重複。

第1週時，劉謙集中練習手指按琴鍵的動作。第2週，

他開始集中練習第2段和第4段中比較難的段落。到了第3週，他試著完整地把整首曲子慢慢地彈出來。最終，他能夠完整、熟練地彈奏整首曲子。

也許有人認為劉謙能自學鋼琴彈奏成功，是因為他很聰明，底子好，學什麼都快。但其實學習的關鍵並不在於聰明。一位沒有任何鋼琴基礎的50多歲的清潔工阿姨同樣可以成功自學鋼琴彈奏，這位清潔阿姨叫邢國芹。

邢國芹是遼寧錦州人，40多歲時和丈夫一起來北京，一開始在一家超市工作，後來成為一名清潔員，服務於清華大學藝術教育中心。

邢國芹在沒有任何音樂基礎，不認識樂譜，沒有接受過任何專業學習，沒有任何人指導的情況下，利用下班後的業餘時間，用清華大學藝術教育中心閒置的老舊鋼琴練習，完整彈奏出了《我的中國心》。

因為資源和認知限制，她學習彈鋼琴的過程比劉謙更難。雖然學習過程更加曲折，但他們的學習方法卻大同小異。

第1步，設定目標。

邢國芹設定的目標是完整演奏《我的中國心》，因為她喜歡這首歌。她沒有像劉謙那樣設定在具體多長時間內學會，只是想嘗試一下。

第2步，拆解。

　　沒有音樂基礎，又看不懂樂譜，如何能學會呢？她沒有像劉謙那樣上網找專門教鋼琴彈奏指法的影片，而是用了一種很「笨」的方法——試。

　　她說第一次按鋼琴的琴鍵時，才發現鋼琴琴鍵的分布規律和自己上學時音樂老師用的風琴是一樣的。她朝一個方向逐個按琴鍵，就能出現 do、re、mi、fa、sol、la、si 等不同音調的聲音。

　　她靠一邊哼著音樂，一邊用手指逐個按鋼琴琴鍵讓其發出聲音的方式來讓曲調和琴鍵配對。經過不斷嘗試、反覆摸索，她硬是用這種方法把整首曲子曲調對應的琴鍵給找了出來。

　　這種獨特的拆解方法在普通人看來很不可思議，她卻用得越來越熟練。後來，她大約用 1 個小時就能大概找出一首曲子對應的全部琴鍵，比較難的曲子，大約用 3 個小時她也能找得差不多。

　　遇到某些比較難、找不著曲調的新歌，她就彈奏一首自己比較熟悉的曲子找感覺，以調整狀態，狀態調整好後再重新找。這樣反覆嘗試，總能試出來。

　　在筆者看來，這種方法雖然有些「笨」，但也有好處。一來可以將其作為熟悉鋼琴和增強音感的過程；二來這種自己一點點摸索出來的方式，會讓自己更容易記住。

　　站在專業人士的角度，刑國芹試出來的結果和樂譜相

比，差異還是不少。但對於非專業人士來說，這已經足夠了，至少大多數聽眾聽完後都認為她彈奏的旋律是優美悅耳的。

第3步，練習。

邢國芹說自己完全不懂樂理，也不知道彈奏曲子有什麼規律可循，找好一首曲子對應的琴鍵之後，她做的就只是不斷練習，讓自己不斷熟練，直到產生肌肉記憶。

她利用下班的時間來練習。她每天下午5點下班，下班後大約練習1個小時，每週練習3～4天。

邢國芹說：「要趁著年輕把想學的東西學了，不要等老了留下遺憾。」

劉謙和邢國芹的學習方法與西蒙學習法不謀而合，這也驗證了西蒙學習法公式的有效性。

西蒙學習法＝積極的學習動機×（選擇學習領域＋設定學習目標＋拆分學習內容＋集中精力學習）×必要的時間投入。

〔專欄〕
用西蒙學習法拆解公務員考試備考環節

　　親愛的讀者，如果你想著看完本書後，不需要長時間學習就能取得很多很棒的學習成果，那就錯了。持有這種走捷徑的心態，是很難取得學習成果的。本書確實包含大量提高學習效率的工具和方法，但這並不能代替學習行為本身。

　　拿化學反應舉例，本書就像是化學反應中的催化劑，物質A和物質B放在一起後，本來反應速度較慢，加入催化劑C後，能夠更快速地形成物質D。

　　A就像是有學習需求的人，B就像是待學習的知識內容，C就像是本書介紹的西蒙學習法，D就像是學會B這一知識內容後，取得學習成果的A，也就是A期望自己學成後的樣子。

　　催化劑C發揮作用的前提，是A和B先要放在一起，而且要有足夠的時間，足夠的接觸與融合。如果A只是有學習的期望和需求，但平時很少接觸B，就算催化劑C再有效，也很難促成反應的發生。

　　就算是在學術科研領域取得眾多豐碩成果的西蒙本人，也是一直把自己的時間用在學習上，才有了這些成果。

　　下面是一個公務員考試備考案例，來自知乎網友「曹駿」，他分享了自己公務員考試的備考經驗。

1.選擇

曹駿在大學還沒有畢業的時候，確定了自己想要參加公務員考試的目標。曹駿研究了公務員考試的崗位分類，並選定了適合自己的目標崗位。

2.目標

曹駿的目標是用3個月左右的時間準備公務員考試，並最終通過考試。但在這期間曹駿還沒畢業，所以在備考期間，他需要一邊學習公務員考試的相關知識，一邊準備畢業論文。

3.拆分

曹駿將整個公務員考試的備考環節分成4個階段。

第1階段，半個月，打下基礎。

這個階段主要是了解題型和看書，從整體上對考試的相關內容有基礎的了解，初步掌握解題方法，為接下來的學習打下基礎。

第2階段，1個月，深入學習。

這個階段是對知識進行深入學習，主要的學習方式是看考試的輔導影片、記筆記。經過第1階段的學習，曹駿已經對公務員考試有了整體認識，也有了自己的想法並歸納出一些疑難問題。帶著想法和問題去學習，學習興趣更濃厚，效果更好。

第3階段，1個月，大量做題。

完成前兩個階段的學習，接下來就可以做題了。真題
（編按：歷年考題、考古題）的優先順序大於模擬題。透過多做
近幾年的真題，站在出題者的角度思考，摸索出題的思路，
曹駿發現雖然每年的考點不同，但出題的思路大致相同。

這個階段每天要保證做200題以上的行政能力測試真
題，做10題以上的申論真題。對於答錯的題目要重點研究，
不能錯了就放在一邊不管不問，要分析自己做錯的原因，例
如是知識點沒有掌握，還是粗心大意。

如果是知識點沒有掌握，就再從整體上掌握這部分知識
點，而且要多做幾遍類似的題目，確認自己已經掌握；如果
是粗心大意，也不要覺得沒關係，粗心大意的本質很可能是
知識點沒學會或不夠熟悉。

第4階段，半個月，衝刺。

這個階段火力全開地衝刺，不僅要看網課，還要繼續做
題。看網課主要是看與考點相關的內容，提前走一遍考試重
點，做到心中有數。做題是為了讓自己對考試題目更熟悉，
讓自己盡可能在考試要求的時間內答完所有題目。

4.集中

學習有方法、有技巧，但並不存在不需要付出努力和時
間就能速成的辦法。

曹駿認為，到最後，公務員考試考的是誰的底子厚，誰
有真才實學。如果只是短期內臨時抱佛腳，也許對考試有一

定的幫助，但地基沒打牢，終歸是空中樓閣，經不起檢驗。

曹駿坦言學習這件事沒有捷徑可走，不要期待有什麼神乎其技的解題方法，知識需要自己經過一點一滴持續學習後的累積和沉澱。所以，訂好目標之後，就要踏踏實實地學習，做到厚積薄發，學得扎實。

5.技巧

當然，公務員考試的備考並不是沒有技巧可言。在整個備考過程中，曹駿發現了一個做行政能力測試題的小技巧——答題的時候可以按照「言語—判斷—資料—數量—常識」的順序去完成。常識題一般在行政能力測試題的最前面，但這部分主要考的是考生的知識儲備。對於這部分內容，考生難免會有盲區，遇到不知道的題目，可能會糾結很久，這樣不僅占用時間，而且可能影響接下來的答題狀態。這就需要合理分配時間，保證重點題目的解題時間與品質。

最終，曹駿通過了公務員考試，成績是：行政能力測試71.9分，申論76.5分，筆試成績第一；面試成績87分，也是第一。

曹駿準備並通過公務員考試遵循的正是西蒙學習法的基本步驟：擁有學習動機後，選擇學習領域、設定學習目標、拆分學習內容、集中精力學習，並保證必要的時間投入，最終取得了學習成果。

第 2 章

選擇
用有限的時間學該學的

歌德曾說：「一個人不能騎兩匹馬。」人的時間有限，不可能什麼都學。在有限的時間裡，應該學什麼，不需要學什麼，是需要選擇的。選擇學習領域聽起來簡單，其實不然，正確的選擇需要制定策略，如以什麼樣的標準選擇，用什麼方法科學地作選擇。

2.1　選對方向：西蒙是如何做選擇的

西蒙研究這麼多學科領域，是不是「東做一點西做一點」？

西蒙研究的領域雖然看起來很多，而且跨度很大，但其實是有清晰的主線和發展脈絡的。這是他隨著科技和時代的發展，主動選擇的結果。

概括來說，西蒙一生所做的，就是用科學的、量化的方法來研究人的思維和行為。不論是公共行政管理、經濟學、管理學、心理學、電腦科學，還是後來的人工智慧，都沒有離開過這條主線。他在不同學科間的發展脈絡，也是圍繞著這條主線。

他最早的研究方向是公共行政管理，研究行政官員們如何做出最佳的行政管理決策。可是進行了一段時間的研究後，西蒙發現這個領域和自己原本想像的是有差距的。當時很多的相關研究都存在一定的不足，而且研究水準尚待提升。這恰恰給了西蒙機會，因為西蒙具備數學、統計學和經濟學的扎實根底，這讓他在這個領域取得了不少研究成果。

後來，西蒙開始研究經濟學和管理學的相關內容，並提出了「有限理性」（bounded rationality）理論。他認為人都是「有限理性」的。傳統的經濟學把人看作「理性人」，也就是人會為了自身利益的最大化做出行為。所以從傳統經濟

學看來，只要預設出某種條件，就能預知人的行為。

如今大家已經越來越清楚人「非理性」的一面。假如每個人都是全知全能，擁有無限知識、無盡資源和無敵的推理能力，那麼確實可以說人是理性的，但事實顯然並非如此，所以人們無法追求「最優」的選擇，只能追求「最令人滿意」的選擇。

「理性人」就像是物理考題中的「理想環境」。在「理想環境」下，空氣可以是沒有阻力的，物體之間可以是沒有摩擦力的。但在現實世界中，顯然是不存在這種「理想環境」。現實世界也許可以無限接近「理想環境」，就像人也許可以無限接近「理性人」，但實際上不可能。

後來，西蒙基於「有限理性」理論，提出了「組織決策」理論。這套理論已經「破圈」，不僅適用於公共行政管理領域，也適用於其他領域。西蒙因此獲得了1978年諾貝爾經濟學獎。

在諾貝爾經濟學獎的頒獎典禮上，評委們驚奇地發現西蒙當時的學術研究重點已經不在經濟學和管理學領域，而是轉向了人工智慧。西蒙在經濟學和管理學領域有所建樹之後，就把研究重心放到了「人類是如何解決問題的」這一問題上，一直在嘗試找到人類大腦運作的機理。

從「有限理性」理論開始，西蒙就一直在做一些「非主流」的科學研究。「有限理性」理論在當時已經和經濟學家

們的主流研究有所不同，對當時已經存在的經濟學學術研究提出了挑戰。在認知心理學領域，他的研究是打破心理學和邏輯學的界線，試圖用某種客觀清晰的邏輯來解釋人的心理，當時這兩大學科的多數學者都認為無法做到。

西蒙堅信人腦處理問題一定存在某種規律，心理學的研究沒有找到這種規律是一種遺憾，也是一個機會。但西蒙在這個領域的研究也一直沒有取得特別滿意的成果。

隨著電腦技術的發展，西蒙敏銳地感覺到這是自己研究的突破口。西蒙認為電腦不僅可以用來做數字運算，還可以用來模擬人類的思維。

之後西蒙和同事研發了一款叫作「邏輯理論家」（Logic Theorist）的電腦程式，那是世界上最早解決非數字問題的電腦程式。後來他還和同事一起開發了世界上第一款用來設計人工智慧程式的語言，開啟了世界上最早的人工智慧領域的研究。

電腦科學領域和心理學領域的研究讓西蒙的研究範圍進一步擴大。他不僅用電腦類比人腦的思考方式，讓電腦變得更有智慧，而且反過來借助人工智慧的研究來發現人類思考問題的規律。

西蒙的選擇不是盲目的，他有自己的獨立思考。西蒙的研究在不同學科領域之間的變化，都是為了解決主線問題。學習不應該當下什麼熱門就學什麼，不能聽別人說什麼好就

學什麼，而應該有自己的判斷，確定該知識和自己的願景、使命或目標有關，再去學習。

西蒙認為，做出有效的選擇決策有 3 個關鍵點：

（1）做選擇決策前，要從全域的角度來看待所有備選方案。

（2）考慮每個選擇決策可能導致的全部結果。

（3）將價值系統作為從所有備選方案中選出一個最佳方案的準則。

2.2　意義優先：成功者的思維方式

有一次筆者和一群朋友吃飯，其中一位朋友問桌上所有人：「如果你們去山上砍樹，山上一共有兩棵樹，一棵樹是粗的，另一棵樹是細的。你們只能選擇砍其中一棵，你們會選哪一棵？」

問題一出，大家有些不解，有人說：「當然是砍那棵粗的樹了，這還用問？」

朋友笑了笑，說：「如果粗的那棵是普通的楊樹，不值錢；而細的那棵卻是紅松，你們會砍哪一棵呢？」

大家想了想，紅松比較珍貴，就說：「那就砍紅松吧，因為楊樹不值錢！」

　　他臉上帶著不變的微笑看著大家，再問：「那如果那棵楊樹是筆直的，而那棵紅松卻歪七扭八不成樣子，這時候你們會砍哪一棵？」

　　大家越來越疑惑，有人說：「如果這樣的話，還是砍楊樹吧。紅松彎彎曲曲的，什麼都做不了呀！」有人說：「還是應該砍紅松，即便紅松再彎曲，價值還在，可以做成一些小工藝品。」

　　他目光閃爍，大家已經猜到他又要加條件了。果然，他又說：「楊樹雖然筆直，但因為年份太久，中間已經空了。這時你們會砍哪一棵？」

　　雖然搞不懂他葫蘆裡賣什麼藥，大家還是從他所給的條件出發，說：「那看來還是要砍紅松了，楊樹中間都空了，沒有用！」

　　他緊接著問：「可是紅松雖然不是中空的，但因為它扭曲得太厲害，砍起來非常困難，你們會砍哪一棵？」

　　終於有人忍不住了，問：「你葫蘆裡到底賣的什麼藥？你要加什麼條件能不能一次加完？」

　　他收起笑容，說：「你們怎麼就沒有一個人問我，到底砍樹是為了什麼呢？雖然我的條件不斷增加，可是最終結果取決於最初的動機。如果想要取柴生火，就砍楊樹；如果想做工藝品，就砍紅松。你們當然不會無緣無故提著斧頭上山砍樹呀！」

　　知道「怎麼做」，是第 2 步，知道「為什麼」，才是第 1
步。

　　「為什麼」不僅是掌握知識的關鍵，也是人類行為的核
心。這個思維其實是賽門・西奈克（Simon Sinek）提出的
「黃金圈法則」，如圖 2-1 所示。

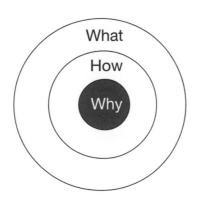

圖 2-1　黃金圈法則

　　大部分人的思考方式、行動方式、交流方式都是由外向
內的，即 What — How — Why。而許多成功的領袖或管理者
的思考方式、行動方式和交流方式是從內向外的，即 Why —
How — What。

　　例如，很多電腦公司說服客戶購買自己產品的時候是這
樣說的：「我們生產電腦。它們性能卓越，使用便利。快來
買一台吧！」而蘋果公司傳遞資訊的順序恰恰相反：「我們

永遠追求打破現狀和思維定式，永遠尋找全新的角度。」其邏輯是我們會設計出性能卓越、使用便利的產品。電腦是我們生產的產品的一種，你想要買一台嗎？

這個思維的真相在於：要想最大程度地影響他人，最關鍵的不在於傳遞「是什麼」的資訊，而在於給出「為什麼」的理由。

在學校的課業學習上，這種思維也非常重要。一些同學知道有些題該怎麼做，但題型稍微變一下，就不會做了。也就是俗稱的「一看就會，一做就廢」。

這是因為他知道怎麼做，這只是抓住了表象，要知道為什麼這麼做，才是抓住了本質。只有知道為什麼這麼做，才是真正地掌握了知識，才能舉一反三。這個時候就算題目的形式不斷變化，這些同學依然能夠抓住核心知識。

學習的關鍵是學會「為什麼」，而不僅是學會「怎麼做」或「是什麼」。

外行看熱鬧，內行看門道。說的就是外行或功力淺的人，只能看到事物的表面，而內行或有一定功力的人能透過現象看到本質。「高手」不僅能全面地看到表象，還能掌握方法，更能參悟到背後的根本原因，然後把「由外向內」的思考方式轉為「由內向外」。以「為什麼」為始，以「怎麼做」為橋梁，以「做什麼」為終。

賓州大學華頓商學院曾做過一項實驗，讓大學客服中心

的員工給校友打電話進行募款。

這些員工被隨機分為3組：第1組，讓員工了解從事這份工作能得到的好處，如溝通能力、銷售技巧等可以得到有效提升；第2組，告知員工之前接受過捐助的學生的經歷，讓他們知道這些捐助對受捐的學生的價值；第3組，讓員工知道如何打電話請求校友捐款。

一個月後，研究人員發現第1組和第3組在實驗開始後從校友那裡募到的金額與從前幾乎一樣；但是第2組，也就是被告知之前接受過捐助的學生的經歷，知道了這些捐助對受捐學生的價值的那一組，他們募捐到的金額比從前多一倍以上。

理解了做某件事的價值，會讓人們產生強烈的意義感和使命感。也就是說，了解「為什麼做」，可以有效地激勵人們用行動去獲取更好的結果。

讀書和學習本身不重要，重點是讀書和學習之後要做什麼。西蒙讀書學習，是為了研究清楚自己感興趣的科學難題。

為了開闊眼界，為了變得更博學，為了讓自己獲得更好的生活，還是為了實現某個理想。是什麼不重要，重要的是弄清楚為什麼讀書和學習。

2.3　價值導向：如何識別知識品質

筆者有個做人力資源管理工作的同事，在職業發展遇到瓶頸後，她認為自己應該加強學習，於是在網路上到處找相關課程。

她先是認為人力資源管理和心理學有關，於是開始學習心理學知識。

後來發現這不夠，她認為人力資源管理和經濟學也有關，於是又去學習經濟學知識。

再後來發現還是不夠，覺得人力資源管理和社會學也有關，於是又去學習社會學知識。

她前後在網路上學了很多課程，卻發現這些課程並沒有幫到自己，職業發展依然存在瓶頸。

隨著人們學的越來越多，關於學習的問題也逐漸出現：為什麼學了那麼多卻沒用？什麼是最值得學的高價值知識？如何區分優質知識？如何更高效地學習並成長？

網路時代的人一定要具備一種能力——識別知識品質的能力。所謂識別知識品質，就是識別出當前的知識對自己是有利的，還是有害的；識別出哪些知識的價值高，哪些知識的價值低。

筆者曾經幫朋友做面試指導，讓他順利拿到了某世界500大公司的總監職位的offer。他非常感謝我，說如果不是

我提前指導，讓他知道「面試套路」，憑他的資歷和本事根本比不過競爭者。我告訴他什麼呢？主要是以下3點：

（1）面試要講價值結果，不要講職位職責。

例如，面對第一個常規問題自我介紹的時候，與其說「我曾經負責……平時的工作內容是……」不如說「我曾經1年談了3個項目，幫公司比當年預期多賺了1億元」。這樣說不僅聽起來更有價值感，而且能引導面試官進一步提問。面試官下一個問題很可能會問：「你是怎麼做到的？」這時候就可以把自己提前準備的內容說一下，達到掌控面試的效果。

（2）講自己的故事時，按照「情境—預期—挫折—行動—結果」的順序描述，挫折和行動的描述最重要。

例如回答上一個問題——「你是怎麼做到的？」我們可以先說當時的情境和原本的預期，重點放在遇到的挫折及採取的行動，這樣能充分表現出自己在整件事情中的價值。最好再加幾個精彩的反轉，最後說結果，這樣能突顯出自己處理異常狀況的能力。

（3）主動提問，給面試官留下好印象。

在對公司提問的環節，可以問「假如我通過面試，公司期望我最先完成的3項任務是什麼？」這樣既能給面試官留下好印象，表現自己的積極主動，又能引導面試官說出對這個職位的期待。我們可以據此判斷自己究竟能不能勝任該職

位的工作，如果真的順利入職，還能幫助自己為「新官上任三把火」做籌畫。

筆者的這位朋友雖然已經掌握了很多專業知識，但之前沒有掌握筆者告訴他的這些知識。很多人可能會認為筆者說的這些知識只不過是「面試套路」而已，實際上並不是。筆者提供的這些知識背後，是很多人不具備的思考模式。

很多人就算知道了這些知識，也說不出自己的價值究竟在哪裡。還有些人就算不知道這些知識，也能在面試時按照自己的理解以這種思考模式作答。這種知識其實並不是「套路」，而是一種更高品質的知識。

在商業世界裡，按照價值高低和具象程度，知識大致可以分成4種，分別是將領知識、商人知識、工匠知識和學院知識，如圖2-2所示。

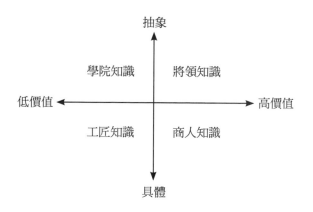

圖2-2　知識的4種分類

1. 將領知識

將領知識是指透過借助別人的力量來幫助自己達到目標的知識。這類知識中比較典型的是領導力知識。將領知識是高價值知識，表現形式通常比較抽象，通常需要人有一定的悟性，靈活性比較大。要學會將領知識，需要有比較強的獨立思考能力。

2. 商人知識

商人知識是指透過商業活動實現價值的知識。這類知識中比較典型的是經營管理知識。商人知識是高價值知識，表現形式通常比較具體，相對比較容易被歸納成工具和方法論，應用時同樣需要使用者具備一定的靈活性。

3. 學院知識

學院知識是指某種抽象理論或原理。這類知識中比較典型的是學科基礎知識。在商業世界，相較於將領知識和商人知識，學院知識的價值相對較低。學院知識多是概念的總結，應用時也需要使用者具備一定的確定性。

4. 工匠知識

工匠知識是指完成某件具體事情的知識。這類知識中比較典型的是廚藝知識。相較於前兩種知識，工匠知識的價值相對較低，表現形式通常比較具體，相對比較容易被歸納為工具和方法論，應用時需要使用者具備一定的確定性。

筆者教朋友的面試技巧，實際上是一種商人知識。這裡

面有兩層表現：第1層表現是作為一個員工，表現自己如何為企業創造價值，都創造了哪些價值；第2層表現是作為一個求職者而推銷自己。如果有人沒有想過這類問題，那麼代表他之前從來沒了解過這類知識。

　　想要創造價值，就需要培養創造價值的能力，培養創造價值的能力需要掌握相應的知識。想讓自己創造價值，就要根據自己當前掌握的知識，根據自身情況，有重點地學習更高價值的知識。這裡需要注意以下3點：

　　（1）這裡講的學院知識價值相對較低，絕不是對學校學科教育知識的否定或貶低，相反地，學科基礎知識是人們踏入社會的基礎，能培養人的學習能力，是學習一切知識的基礎。

　　（2）這裡講的工匠知識價值比較低，只是相對於將領知識和商人知識而言價值較低，並非沒有價值，絕非一無是處。很多情況下，工匠知識是將領知識和商人知識的基礎。

　　（3）為避免存在明顯弱點，將領知識、商人知識、學院知識和工匠知識都應該有一定程度的掌握。這將有助於養成分辨這4種知識的能力。

2.4　淘金法則：瞎學與不學一樣沒效果

淘金是指淘金者撈起河水或湖水中的淤泥或沙土，用一種叫淘盤的工具，將低價值的泥沙淘掉，從而獲得金沙或小金塊的過程。隨著知識付費的崛起，網上知識氾濫，內容品質良莠不齊，但人的時間是有限而寶貴的，這就讓網路時代的學習也要像淘金一樣，要學習那些真正有價值的知識。

打開微信公眾號的訂閱號消息，有多少個公眾號你已經超過半年沒看過了？打開購買的線上課程，有多少課程是你學了一點就放棄或從來沒有看過的？打開微信，有多少學習成長社群是雖然加入了但很少打開的？

在這個資訊爆炸的時代，學習內容如潮水一般湧來。當潮水退去，你會發現裸泳的就是那些不加篩選就接收那些學習內容的人。唾手可得的像速食一樣的學習內容，不僅不利於人們學到知識，反而會干擾人們專注於真正的學習，陷入低品質學習的陷阱。

每次聚會見到朋友 A，他都會表達他的焦慮。經過筆者的一番勸說，他重新燃起了滿滿的鬥志，但回去後依然把自己所有的時間給了遊戲、影劇、綜藝節目……下次見面，他又重複表達他的焦慮。久而久之，筆者也不再管他，由他去吧。

最近聚會見到朋友 B，他也開始表達他的焦慮。筆者很

好奇，B和A完全不同，A只會吃喝玩樂，而B購買了一大堆線上課程。B明明是個非常想學習的人，把大部分時間都用在了線上課程上，為什麼還會焦慮呢？

原來是因為他上了甲的課以後，自身狀況沒有改變；上了乙的課之後，也還是沒改變。剛開始學的第1年沒有改變，到了第2年也沒改變。學了一圈下來，他不知道自己應該再學點什麼，也不知道自己該向誰學習。

如今知識產品市場上的內容太多了。在這樣的市場環境下，學太多和不學習的結果可能是一樣的。因為焦慮產生了學習意願，焦慮卻不會因為學習而得到緩解，反而可能讓人越來越焦慮。

知識多了之後，就像是戴了兩支顯示著不同時間的手錶，不知道哪一支是正確的。

市場上講時間管理的「大咖」有多少？講怎麼帶團隊的「大咖」又有多少？答案是不計其數。很多領域都是一堆人在分享自己的知識和經驗。

為什麼有這麼多「大咖」？因為「大咖」的進入門檻太低了，拍一張職業照，做一張海報，配一些文案，很多人都能變成「大咖」。一堆人在以「大咖」的姿態講課，「小白」都不夠用了。

當你真的要解決具體問題的時候，會選誰的課？真是為難了小白們，比來比去，不知道該選哪一個。

　　有的小白一咬牙都買了，卻發現這些「大咖」竟然在一些關鍵問題上觀點不一致。例如，有人認為只有一線城市才有發展潛力，但有人認為二線城市的性價比最高，還有人認為新農村建設是未來的重點發展方向。該信誰呢？都是「大咖」，而且聽起來都很厲害。

　　本來，很多課程的內容既不是 1 ＋ 1 ＝ 2，也不是非黑即白的公理，「大咖」們的觀點都能在各自的條件下成立，沒有什麼對錯。

1. 向「頭部」學習

　　如果想學習寫作，是向獲得各類文學獎的作家學習更好，還是向自媒體文章寫作者學習更好呢？當然是向獲獎作家學習更好。如果想提高考試成績，是向每次都考全校第一的「學霸」學習更好，還是向成績中等的學生學習更好呢？當然是向每次都考全校第一的「學霸」學習更好。

2. 向有豐富經驗的人學習

　　如果想創業，是向企業家學習更好，還是向職業講師學習更好呢？當然是前者。如果想學習某個專門技術，是向擁有 10 年經驗的老師傅學習更好，還是向只有 3 年經驗的人學習更好呢？當然是前者更好。

3. 向有成果的人學習

　　如果想買股票，是向巴菲特學習更好，還是向某個股票類自媒體經營者學習更好呢？當然是向巴菲特學習更好。如

果搞科研,是向有科研成果的專家學習更好,還是向本科系的學長學姊學習更好?當然是向有科研成果的專家學習更好。

　　學習前,一定要篩選學習內容,不要被行銷包裝所迷惑。要向「頭部」學習,向有豐富經驗的人學習,向有成果的人學習。優先讀這類人寫的書,聽這類人講的課。

2.5　知識判斷:避免產生學到了的錯覺

　　很多工作後的成年人會疑惑:自己定期報名參加各種培訓班,每天也會在各種學習類App上認真學習,可是為什麼自己沒有任何進步呢?

　　許多人每天花大量時間在微信朋友圈、FB、Line上找各式各樣的最新資訊、最火熱評、最流行文章。一旦從繁忙的工作中抽身出來,就忍不住拿起手機開始尋找。

　　他們每天都沉浸在「啊!又學到了新知識!又得到了新想法」的喜悅和滿足中。當有人質疑為什麼要花那麼多時間在手機上時,他們會說:我這叫「碎片化學習」。

　　每天花那麼多時間去讀各種新知或新聞,到底有沒有用?俗話說,知識改變命運。可是,這種透過看自媒體得來的知識要怎麼改變命運呢?

今天有人利用碎片時間「高效」地看了 10 多條新聞、翻了五六篇有內容的文章、再「灌」了幾篇「雞湯文」，以為自己對這個世界有了不一樣的理解。但這又能怎麼樣？

知道了如何提高寫作水準，就能變成作家嗎？知道了蝸牛如何交配，就能變成動物學家嗎？知道了某種疾病的可怕且無法預測，就能成為醫生嗎？

前文已經說過，學習既不是簡單的記憶，也不是資訊的儲存。實際上，就算想要儲存資訊，也很難實現。

在這個資訊爆炸的時代，對於資訊的儲存，電腦早已遠超過人類，為什麼還要依靠人腦呢？

過去那些懂得很多知識的「博學家」們在現代社會已經漸漸不復存在，即便存在，他們也比不過強大的網路搜尋引擎、大數據儲存及雲端計算技術。人腦本可以用於開發和創新諸多有創造性、有價值的東西，又何必傻傻地只把它當成一個大容量硬碟來用呢？

事實是，對於那些曾經讓我們感覺自己彷彿能體會到宇宙奧義的新知，我們很難記住。不信你可以打開自己的「我的最愛」，看看之前收藏的文章有多少是只看標題能想起內容的，又有多少是只看標題會納悶「我竟然收藏過這個」！

為什麼會忘記？因為碎片化資訊是「自媒體速食」，它們就像垃圾食品一樣來得快去得快，除了留給我們一身「肥肉」，不會有太多的營養。這種資訊在傳播時，為了讓大眾

容易接受，通常會刪減掉複雜的內容，因此傳遞的往往是龐大知識體系的冰山一角。

退一步講，假設有人有過目不忘的本領，看到的知識全都能記住。然後呢？

學習開車時，你能夠記住開車的所有知識而不碰車就學會開車嗎？學游泳時，你能夠記住游泳的所有知識而不下水就學會游泳嗎？知識本身改變不了命運，能改變命運的，是運用知識的能力，以及在正確的時間、地點，運用這些能力後達到的結果。

對知識的深度思考和應用是一件很難的事，也是一件需要時間和空間、碎片和體系共同作用的事，它遠遠比迅速點開一個標題好玩、內容空洞的文章難得多了。

人們不斷地從網路「爆文」中獲得新觀念時，會感到很興奮，彷彿世間一切事物都被自己了解。但真要把這些新知識、新觀念轉化為能力的提升並實踐出來，需要一段相當漫長的時間。在這段時間裡，人們不會產生瞬間獲得的快感，而是要經歷一個艱難攀登的過程。

人們要忍受自己剛開車時的手忙腳亂，才有可能如老司機般駕輕就熟。人們要忍受自己下水之後嗆到幾次，才有可能如魚兒般悠然戲水。

一些人忍受不了這種漫長的攀登過程，就會下意識地尋求新知給自己帶來的快感，於是繼續瘋狂地「刷乾貨（編

按：指實務的、實用性的內容）」。時間一長，就會發現自己的眼界似乎變得越來越高，格局越來越大，脖子越來越長，但是手腳卻越來越笨，漸漸地成為一隻患上「知識癱瘓」病的「長頸鹿」。

這些「長頸鹿」總喜歡以「學習」為藉口，花費大量時間在自媒體的大海中游泳。他們沒有越學習越充滿智慧，反而越學習越無能。

一位從清華大學畢業的「學霸」曾說，網路時代的「知識型 IP」最終給人們帶來的只是「爽」的感覺，給消費者營造了「我學到了知識」的感覺。基於這種提供「爽」感的目的而產生的「知識」可以批量生產、快速分發、規模收割。

其實，各種自媒體「網紅」所謂的「知識變現」，歸根究柢是一種「感覺變現」、「體驗經濟」、「情感行銷」。多數情況下，它和我們真正想要的、真正能夠幫助我們解決問題的「知識」沒有什麼關係。

我們真正需要的知識，需要經過不斷地艱難攀登來獲取；我們真正需要的能力，需要透過不斷地實踐來鍛鍊；我們真正需要的經驗，需要時間來檢驗。

那麼，如何有效避免產生學到了的錯覺呢？

行動學習理論認為，人要掌握一門技能，需要用 10% 的時間學習知識和資訊，用 70% 的時間練習和實踐，還要用 20% 的時間與人溝通和討論。這個原則被稱為「721 法則」。

如果聽到了自己原來不知道的知識內容，不要覺得自己學會了，這最多只是接收資訊。這時候還缺少練習和探討。

對於學生來說，每天上課的聽講學習對接收資訊非常有用，而剩下的練習和討論，往往需要在課後完成。

上學的時候，很多人會疑惑，某「學霸」平時也不怎麼在學習，為什麼一到考試就能考得很好呢？其實人們看到「學霸」時，「學霸」大多是在學校和大家一起接收資訊。沒有看到「學霸」時，他們是如何進行練習的，和誰做題目討論的，人們並不知情。

人們看到他們的時間，對學習效果的影響可能只有10%，沒有看到他們的時間，對學習效果的影響可以達到90%。

對於成年人來說，單純地讀書並不代表學習。

美國知名的教育家、心理學家約翰・杜威（John Dewey）曾提出一個「做中學」原則。他認為有效的學習應該是理論與實踐相結合，在行動中學習，達到知行統一的狀態。西蒙的老朋友，中國科學院心理研究所的研究員朱新明教授，也有類似的研究結論。

在制訂針對學習目標的學習計畫時，不能簡單地將其確定為用多長時間看完多少書，看完書不代表學會，而應當按照「721法則」更全面地制訂學習計畫。

2.6　名師指路：跟對了人少走彎路

如果我們問自己：我是個驕傲的人嗎？

絕大多數人會回答自己不是個驕傲的人。許多人只有在自己做出跟龜兔賽跑中兔子一樣離譜行為的時候，才會意識到自己的驕傲。

如果我們再問自己：我有導師嗎？

不是那種大學裡為了完成畢業論文必須要選擇的老師或教授，不是那種教我們如何追韓劇、逛淘寶、選衣服的時尚「達人」，也不是那種教我們一些生活常識的生活專家，而是在某個領域具有前瞻性，能啟迪我們的智慧，可以督促、引導、幫助我們在相應人生階段少走冤枉路，加速取得相應成就的人。

有嗎？

如果沒有，那麼這裡其實有一句潛台詞：在我的那個領域，我已經是最厲害的人了，我已經不需要任何人的指導了。

這，難道不是一種隱性的驕傲嗎？

海德思哲國際諮詢公司（Heidrick & Struggles）的資深主席傑瑞・羅契（Gerry Roche）曾對一位企業領導人說：「新媒體的發展，讓人與人的關係淺碟化、虛擬化，如果在現實世界中能有一位比你位階更高的導師親自指導，你一定

比別人更具職場競爭力。」

　　讀萬卷書不如行萬里路，行萬里路不如閱人無數，閱人無數不如貴人相助，貴人相助不如高人指路。導師通常能夠以旁觀者的角度看待我們的學習，作為過來人，導師會提醒我們注意可能遇到的陷阱，讓我們少走彎路。

　　人和人之間的差異決定了有的人能獲得一定的成就而有的人不能。這種差異，除了外在硬體資源上的不同，還有一個非常重要的內在因素——世界觀。

　　世界是美好的，但同時也有殘酷和謊言。許多人一生都沒能真正認識這個世界。而相對成功的人，對於世界的運行規律等，通常會有更真實而深刻的認知，能夠悟出更多的東西，這就是他們獲得成功的原因。

　　如果我們能找到一位人生導師，他能進一步向我們展示真實的世界。雖然他所展示的世界不一定全對，但這也會給我們提供一些可參考和借鑒之處。

　　什麼樣的導師是我們需要的？

1.能給我們指明方向的人

　　導師要具備較強的前瞻性，能夠給我們帶來比較明確的目標感和方向感。有時候我們也可以把「成為他們」當作自己努力的目標。

　　當然，那種一次挫折都沒經歷過的天才可能不適合做導師。最好的導師是經歷過許多的挑戰和失敗並將其克服的

人，這樣的導師給我們的幫助最大。

同時，也可以考慮選擇那些與我們所處領域稍有不同的人做導師。這將使我們現有的思維框架得到補充或挑戰，同時也為我們帶來一些看待事情的新角度。

2. 能啟迪我們智慧的人

能啟迪我們智慧的導師，通常是那些知識淵博又閱歷豐富的思想家。當我們不知道要怎樣面對一個巨大挑戰時，他可以幫助我們思考得更透徹。

他可以是像蘇格拉底一樣的智者，通常不會直接告訴我們怎樣去行動，不直接給出答案，而是不斷地問問題，幫助或告訴我們怎樣去思考。

有些導師錯誤地以為講述自己當年的故事就是對別人的有效幫助。這樣做也許有時會有幫助，但大多數情況下，導師的經歷並不能為學生提供有針對性的幫助，反而可能把對任何問題的探討都演變成一場以他為主角的故事會。

另外，如果有人喜歡以「如果我是你，我會如何如何」的方式談話，也要小心，這並不代表他真的站在我們的立場上幫我們解決問題。畢竟，他是他，我是我。所謂的「如果我是你」，其實還是「我會如何」，而不是「你應該如何」。

3. 能給出消極回饋和積極回饋兩種不同意見的人

導師一定是在某些方面被我們敬佩，在某種程度上是我們的榜樣的人。這種情感上的認同使我們很容易處於畢馬龍

效應（Pygmalion Effect）之中。

　　畢馬龍效應是指，人的情感和觀念會不同程度地受到別人下意識的影響，人們會不自覺地接受自己喜歡、欽佩、信任和崇拜的人的影響與暗示。

　　注意導師日常的言行，也許他確實有過人之處，但我們要考慮他能否從積極和消極兩個方面給我們提供幫助。只會說「幹得好」的導師不是好導師；同樣地，只會說「別那麼做」的導師也不會對我們有太大幫助。我們需要的導師，是能給出積極回饋和消極回饋兩種不同意見的人。

4. 能鞭策我們成長，而不是總給我們保護的人

　　一個能鞭策我們成長的人能夠推著我們向前走，他們總在質詢、挑戰我們的現狀，把我們從自信滿滿的狀態中搖醒，並督促我們考慮和規劃未來。

　　尋找導師的目的是讓自己更強大，而不是把自己變成溫室裡的花朵。失敗本身就是成功的一部分，失敗能鍛煉人。如果導師總能防止我們犯下錯誤，那並不會使我們更「強壯」，反而會使我們變得「無力」。當有一天需要靠自己時，怎麼辦？

　　我們要找的應該是能啟發我們找到問題根源的導師，而不是事事替我們擺平的「靠山」。好的導師把訓練我們解決問題的能力放在首位，而把解決我們當下的問題放在較為次要的位置上，這正是「授人以魚不如授人以漁」的道理。

2.7　九宮格工具：如何找對學習領域

　　西蒙選擇在芝加哥大學接受本科教育，是因為芝加哥大學宣導通識教育。這個理念恰好與西蒙的喜好不謀而合。當時的芝加哥大學正好在實施新的教學計畫，學校不考核學生上課的出勤情況，只要學生參加並通過綜合測試，就能拿到學士學位。考試的範圍涵蓋各門學科，包括人文、社會科學、物理、生物等。

　　這種學習模式給了西蒙很大的自由。他高中時累積的知識已經足以通過大學前兩年的考試，很快他就可以旁聽學習更高級的課程。

　　芝加哥大學的這種學習模式，讓西蒙僅用了 3 年時間就取得了學士學位。

　　然而這並不僅是因為西蒙聰明，他在學習上非常刻苦。他每天早晨 6 點鐘起床，一直學習到晚上 10 點，每週 7 天，天天如此。連吃飯和與朋友見面的時候都在談論彼此在書中看到的內容。

　　如果我們想要學習多個領域的知識，如何選擇最適合自己的學習領域呢？

　　適合自己的領域內的知識不僅能夠持續地為自己創造價值，而且能讓自己終身受益。如果學習領域選擇不當，不僅會浪費自己的時間，而且可能會限制自己的成長與發展。選

擇學習領域時，可以運用九宮格工具確定優先順序，如圖
2-3所示。

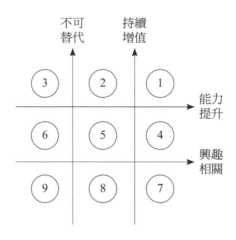

圖2-3　選擇學習領域的九宮格工具

在選擇學習領域的九宮格工具中，有4個評價維度。

1.持續增值

持續增值在選擇學習領域時具備最高優先順序。

好的學習領域自帶發展屬性，當學習者在這種領域中不
斷深耕時，隨著時間的推移，會產生個體不斷增值的效果。
這類學習領域的上限很高，通常沒有「天花板」。

例如，從持續增值的角度來看，要在學習釀酒知識和學
習人工智慧知識之間做選擇，建議優先選擇學習人工智慧知
識。因為人工智慧知識對應的領域更廣闊，商業空間和應用

空間更大，對應職位發展的上限更高，而且隨著知識的累積和工作經驗的發展，個體增值更快。

2. 不可替代

不可替代是選擇學習領域時第 2 個要考慮的。

好的學習領域會讓持續從事這個領域的人獲得不可替代性。這通常是因為處在這類學習領域中的人需要學習比較複雜的知識，這類知識隨著時間的推移可能會自成一派，不僅很難被人工智慧複製，也很難被別人模仿。

例如，要在學習開車和學習畫漫畫之間做選擇，建議優先選擇學習畫漫畫。因為人在學會畫漫畫之後，比較容易形成自己的風格，尤其是隨著畫畫水準的提高，未來還可能創作出某個作品，不可替代性比較強。

3. 能力提升

能力提升是選擇學習領域時第 3 個要考慮的。

好的學習領域能夠不斷滋養我們，讓我們的能力持續提升。能力提升的同時也會增強我們的不可替代性。這類學習領域的特點通常是能夠與時俱進，那些值得深挖的知識、技能、經驗，能不斷擴展我們的知識邊界。

例如，要在學習安全管理知識和學習人力資源管理知識之間做選擇，建議優先選擇學習人力資源管理知識。因為人力資源管理知識對應的技能和經驗值得人用一生去學習。長期從事這個領域，人的能力能夠得到明顯提升。

4.興趣相關

選擇學習領域最後要考慮的,是興趣相關。

如果所選擇的學習領域和自己的興趣相關,是最好的;如果不能,也不要強求。有的人沒有經過客觀分析,直接學習個人感興趣的知識,這種做法是欠妥的。心理學中有「錯誤共識偏差」(False Consensus Bias)理論,意思是人們通常會覺得自己喜歡的東西也會被大多數人喜歡,自己的愛好也會是大多數人的愛好,從而高估了自身興趣的價值。

選擇學習領域的九宮格工具中①～⑨的含義如下。

①高持續增值、高不可替代、高能力提升、高興趣相關。

②高持續增值、高不可替代、中能力提升、中興趣相關。

③高持續增值、高不可替代、低能力提升、低興趣相關。

④中持續增值、中不可替代、高能力提升、高興趣相關。

⑤中持續增值、中不可替代、中能力提升、中興趣相關。

⑥中持續增值、中不可替代、低能力提升、低興趣相關。

⑦低持續增值、低不可替代、高能力提升、高興趣相關。

⑧低持續增值、低不可替代、中能力提升、中興趣相關。

⑨低持續增值、低不可替代、低能力提升、低興趣相關。

在選擇學習領域時,可以把想學習的領域列出來,分別填入九宮格工具中。根據4個評價維度的優先順序,一般來說,①>②>③>④>⑤>⑥>⑦>⑧>⑨,也就是建議優先選擇數字較小的象限的學習領域。

2.8　酒提原理：如何提升競爭力

西蒙雖然是個通才，但他也不是不加選擇地什麼都學。

作為諾貝爾經濟學獎的得主，為什麼西蒙的本科專業是政治學呢？其實在大學期間，他一開始很喜歡經濟學，本來想主修經濟學，但發現學經濟學要先學會計學。他不想學會計學，於是就選了不需要先修會計學的政治學。

西蒙雖然主修的是政治學，但在大學期間閱讀了很多經濟學書籍。正是這個選擇，讓西蒙可以在政治學和經濟學兩個領域展開研究。

在唐納·克里夫頓（Donald Clifton）與寶拉·納爾森（Paula Nelson）合著的《飛向成功》一書中，有個經典的寓言故事：

為了和人類一樣聰明，森林裡的動物們開辦了一所學校。學校開設了 5 門課程：唱歌、跳舞、跑步、爬山和游泳。小兔子被送進了這所動物學校。它最喜歡跑步課，並且總是在跑步比賽中得第一；最不喜歡游泳課，一上游泳課它就非常痛苦。

但是兔爸爸和兔媽媽要求小兔子什麼都學，不允許它放棄任何一門課。小兔子只好每天垂頭喪氣地到學校上課。老師問它是不是在為游泳課成績太差而煩惱，小兔子點點頭，盼望得到老師的幫助。老師說，其實這個問題很容易解決，

你的跑步是強項，但是游泳是弱項，這樣好了，你以後不用上跑步課了，專心練習游泳……

讓兔子學游泳、鴨子學跑步顯然是在浪費時間。如果我們本來就沒有某種優勢，但是一再地堅持不放棄，希望將弱勢變成優勢，這是可悲的，付出的代價也是巨大的。如果是兔子就去跑，如果是鴨子就去游泳！

中國有句古話：只要功夫深，鐵杵磨成針。講的是只要堅持不懈，就一定能成功。但看了上面這個故事，我們應該意識到，小兔子根本不是學游泳的料，即使再刻苦、再努力，它也不會成為游泳高手；相反地，如果訓練得法，它也許會成為跑步冠軍。

我們都聽說過「木桶理論」，說的是木桶盛水的多少，由它最短的一塊木板的長度決定。由此推斷出，每個人所取得的成就，由他的短板（編按：意指短處、缺點）決定。

根據這一理論，很多人花費大量的時間，拼命去補自己能力上的短板。而可悲的是，補來補去，最後大部分人都變得「差不多」，看起來就好像是一個模子裡刻出來的。結果是，大部分人的努力沒有讓自己走向卓越，反而越來越平庸。

補短板真的那麼重要嗎？

1917年，羅家倫報考北京大學，恰逢胡適批閱他的作文試卷。胡適看完他的文章後，毫不猶豫地給他打了滿分，並

向學校推薦說這個人絕對是個人才。

可是當校委會看到羅家倫的成績單後大吃一驚：羅家倫的數學成績是零分，其他各科也都成績平平。在校委會為此爭論不休之時，主持招生會議的校長蔡元培力排眾議，決定破格錄取羅家倫。

後來，羅家倫成為五四運動的風雲人物，「新文化運動」的旗手，並譜寫了著名的《五四宣言》。

12年後，已經是清華大學校長的羅家倫在招生中遇到了錢鍾書。

當時的錢鍾書國文特優，英文滿分，而數學只有15分，和羅家倫當年考北京大學相比算是略勝一籌。這遠遠達不到清華大學的錄取標準，但羅家倫卻破格錄取了錢鍾書。

後來，錢鍾書學貫古今，兼修中外，曾領銜翻譯《毛澤東選集》的英文版，完成了《圍城》《管錐編》《談藝錄》《寫在人生邊上》等著作，贏得「國學泰斗」的讚譽。

在職場上，我們常聽到有人這樣問，「我的時間管理做得不好，該怎麼提升自己的時間管理能力？」、「我對數字超級不敏感，要怎麼做才能對數字敏感？」、「我不喜歡與人溝通，要如何讓自己健談？」在回答這些問題之前，我們也許應該先問自己以下3個問題：

（1）這些能力在工作或生活中必須使用嗎？

（2）這些能力可不可以完全放棄？

（3）這些能力能不能透過找同伴合作來彌補？

如果必須使用這些能力，但能力不足，就需要刻意練習；如果有些能力我們其實基本用不上或乾脆不用，又何必糾結呢？

或許，我們要做的不是木桶，而是一隻酒提。「木桶原理」認為人應當成為通才，但「酒提原理」則強調只要長處足夠長，可以適當地忽略短板。在當今這個時代，酒提原理顯然比木桶原理更有效。

酒提，是打酒的工具。以前的酒都裝在大罈子裡，因為拿起罈子來倒酒太費力，人們就發明了酒提，便於深入酒罈舀酒。酒提的底部跟木桶相似，但區別在於酒提有個很長的手柄。

每個人在剛進入職場的時候，都需要掌握一些職場禮儀、職場思維、職場小技巧等基礎能力作為酒提的底部。這個「底部」非常重要，沒有這個「底部」，就是竹籃打水一場空。酒提的底部做好了，就是做酒提壁。酒提壁相當於我們的通用能力。

未來人工智慧的應用會越來越廣，我們最需要的是無法被人工智慧取代的通用能力，例如領導能力、創造能力、溝通協調能力、邏輯分析能力、學習能力、跨界能力等。

酒提的核心部分是手柄。如果酒提沒有手柄，其他的部分組合起來就是個杯子。手柄所代表的，是每個人的核心競

爭力，是我們的「終極技能」，這個技能一定是我們既感興趣、又擅長的優勢能力。

　　既然手柄是酒提的關鍵，它就需要長時間的打磨和累積。任何一個行業或領域有競爭力的人具備的優勢能力，都是經過長時間的刻意練習得來的。刻意練習的時間長度決定了酒提的手柄有多長，決定了我們可以在多深的酒罈中打酒。

〔專欄〕
一個量化表格幫你準確找到內心熱愛的事物

　　筆者曾經有位同事,她是碩士學歷,所學的專業是數學,學習能力很強,擁有不少資格證書,跳槽多次後來到筆者的公司。因為當時的人力資源部門需要資料分析專員,就錄用了她從事人力資源的資料分析工作。

　　她一開始工作積極,半年後開始「躁動」,總覺得現在的工作沒能發揮自己的才能,有了跳槽的想法。自己學歷不低,證書不少,憑什麼每天只能做一些簡單的事務型工作呢?可是因為之前的工作經歷都令她不滿意,於是她萌生出一個想法──考博士。

　　筆者也是碩士畢業後工作了一段時間,又考取博士的,所以她向筆者徵求意見,想知道如何學習能快速通過博士入學考試。

　　筆者問她:「你想考哪所大學,什麼專業呢?」

　　她說:「我還沒想好。」

　　這讓筆者很疑惑,筆者接著問:「那你為什麼要考博士呢?」

　　她說:「我就是對現狀不滿,希望透過考博士來改變現狀。你對我考博士的大學和專業有什麼建議嗎?」

　　筆者說:「每個人有不同的價值觀、不同的人生規劃、

不同的期待，你未來想做什麼，想往哪個方向發展，這是很私人的事情。而且每個人的情況不同，要改變現狀，考博士是不是最好的路徑，考一些證照會不會是更好的選擇，這些都需要你自己想清楚。」

她的邏輯是，期望能透過多學些知識找到心儀的工作，當工作令自己不滿意時，就代表學得還不夠，於是期望進一步學更多知識，以期找到理想的工作。

顯然，她的問題不是考博士或考證照本身，而是該學什麼、該考什麼能比較直接地幫助她找到自己心儀的工作，但她沒有想清楚。

她其實是不知道自己要什麼。進一步說，她為什麼而學？她期望成為什麼樣的人？她期望從事什麼職位？搞不清楚這些問題，學再多也沒用。

沒在一開始想清楚學習的方向和目的，越學習，就會越迷惑。

尼采說：「當一個人知道自己為了什麼而活，他就能夠忍受任何一種生活。」

知道自己想要什麼，知道自己未來要去那裡，知道自己為了什麼而努力，人就會活得通透，大概就是孔子說的「不惑」和「知天命」的狀態。

西蒙在很小的時候就明白這個道理，他知道什麼是適合自己的。西蒙的父親精通電器修理，曾經在家裡的地下室製

造了他們所在社區的第一台收音機。西蒙小的時候常去地下室看他父親工作，但他發現自己動手做方面一直做不好。他不像有些科學家那樣，小時候喜歡拆時鐘，研究鐘錶的內部結構。他雖然拆過時鐘，但發現自己很難再組裝回去。相比做手工，西蒙更愛讀書。

雖然父親是工程師，西蒙小時候也常跟著父親去工廠考察參觀，見識了發電站、鋼鐵廠、煉焦廠，看到了用機械設備製造產品的過程，但他從來沒想過要當工程師。他認為每個人都有屬於自己的領域，這個領域不應該是別人為自己設計的，而應當是自己探索出來的。

年少時的西蒙並不知道自己未來應該做什麼。他一開始想做士兵，後來想當護林員，再後來想當律師，之後才是想當科學家。年少時他最大的收穫，是博覽群書培養了自己的求知欲。這深深影響了他未來的職業選擇和事業發展。

在不斷的嘗試中，他很早就認定人的行為能夠被科學地研究，也預見了數學將在科學領域中發揮的作用。

我們該如何做選擇呢？

比較好的方法，是準確找到我們內心最想要的是什麼。這種想要的程度，甚至是可以量化的。我們拿選擇職業方向的案例來看如何選擇學習方向，因為促進職業／事業的發展，正是學習的重要目的之一。

1970 年，心理學家舒伯（Donald Super）研究開發了職

業價值觀量表（Work Values Inventory, WVI），將職業價值觀分成15項，分別是利他助人、美的追求、創造性、智性激發、成就感、獨立性、聲望地位、管理權利、經濟報酬、安全感、工作環境、上司關係、同事關係、生活方式、變異性。

舒伯的職業價值觀量表，有助於我們在確定了幾個職業方向之後，做出最終選擇。這裡可以用到的工具是職業價值觀決策量表，如表2-1所示。

表2-1　職業價值觀決策量表

職業價值觀 （8項）	重要性 （1~10）	職業1	職業2	職業3
總分				

在面臨人生中重要的職業選擇時，可以用職業價值觀決策量表來做職業選擇的探索和驗證，具體方法如下：

（1）列出8項自己認為重要的職業價值觀，填入表格。注意：可以參照但不限於舒伯的15項職業價值觀。

（2）給職業價值觀的重要性打分數，分為1～10。

（3）列出你的職業選項，一般選擇2～3個最想從事的職業填入表格。

（4）為不同職業選項的滿意度打分數，分為為1～5。

（5）計算各職業選項的加權總分。

（6）與自己或他人討論並適當調整分數，得出結論。

來看一個具體應用的例子。

小李在一家上市公司工作多年，認真踏實，工作得到了主管和同事的一致認可，目前已經在分公司部門負責人的職位上工作了5年。集團公司的領導有意提拔他，目前有兩個職位空缺，一個是小李所在的分公司副總的職位，另一個是集團公司某部門的負責人。集團公司的領導找小李談話，想徵求小李本人的意見。

小李利用職業價值觀決策量表，列出自己認為重要的8項職業價值觀，分別是成就、智慧、上司、審美、金錢、創造力、自主、生活方式，不同職業價值觀對應的重要性、不同職位對應的滿意度如表2-2所示。

表2-2 小李職業價值觀決策量表應用

職業價值觀	重要性	分公司副總	集團公司部門負責人
成就	8	5	4
智慧	9	5	4
上司	6	5	3
審美	7	4	4
金錢	8	5	4
創造力	7	4	4
自主	6	4	5
生活方式	5	4	4
總分		255	224

根據量表的測算結果，小李對分公司副總職位的滿意度總分是255分（5×8+5×9+5×6+4×7+5×8+4×7+4×6+4×5=255），對集團公司部門負責人職位的滿意度總分是224分（4×8+4×9+3×6+4×7+4×8+4×7+5×6+4×5=224）。小李對分公司副總職位綜合價值的認可度高於集團公司部門負責人的職位。小李在反覆檢查各項給分與自身職業價值觀的匹配度後，最終做出了選擇擔任分公司副總的決定。

這個方法可以幫助我們快速排除那些我們原以為是自己的人生目標但其實並不是的目標。學習要為自己的目標服務，不同的人生目標對應著不同的學習需求。自己想要什麼這個問題的答案沒有優劣之分，人與人大不相同，適合自己

的才是最好的。

　　印度著名的哲學家克里希那穆提說：「無知的人並不是沒有學問的人，而是不明白自己的人。」

　　當我們的人生陷入迷茫，不知道自己該往哪個方向走時，可以運用這個方法找到方向。當我們不知道自己該學什麼，不知道學什麼對自己最有用時，可以運用這個方法讓自己的學習有目的、有方向。

第 3 章

目標
讓學習有始有終

西蒙認為,人類的多數行動都是有目的的,
也就是以某個目標為導向。沒有目標的行動
毫無意義,目標決定了行動的方向。學習同
樣需要有目標。有了學習目標,不僅能知道
如何行動,也能知道如何評估行動結果。

3.1   目標檢驗：為什麼有些學習目標無效

做任何事情都需要有目標，目標明確可以使我們的行動更主動、更有方向感。學習也是如此。有目標的學習，會更有針對性，效率更高，更容易取得好成績。如果要制定一個有效的目標，我們可以借鑒「現代管理學之父」彼得‧杜拉克（Peter Drucker）提出的SMART原則。

SMART原則，分別是指明確的（Specific）、可以被量化的（Measurable）、可以實現的（Attainable）、具備相關性的（Relevant）、有明確截止期限的（Time-bound）。

SMART原則的第1項是，目標要明確（Specific）。

明確的目標能給我們動力，否則就只是一個口號。例如，筆者一開始把「努力學習」當作自己的學習目標，但後來發現這個目標並不明確。

努力學習是學什麼呢？學到什麼程度才算努力呢？這是一個願景，是期望達到的狀態，而非一個明確的目標。

例如，張三的父親說：「期末考試，你要是能考全班第一，我就給你買乒乓球拍。」這時候，張三就有了一個明確的目標──我要考全班第一！

例如，完成當天的全部作業之後，出門打30分鐘乒乓球，這個目標很明確。

熟背10篇古詩詞，就獎勵自己玩30分鐘遊戲，這個目

標也很明確。

SMART原則的第2項是，目標可以被量化（Measurable）。

目標唯有可以被量化，才能評判其是否達到。如果目標無法被量化，不僅執行時沒有標準，而且評價時也沒有依據。

例如，「學好語文」就不是一個量化的學習目標，如果以此為目標，那麼我們每天應該做什麼？應該怎麼做呢？

這個時候不如把「3個月內背完300首唐詩」作為目標。

此外，如果我們制定的學習目標是長期目標，需要幾週或幾個月來完成，那麼我們在這個目標的實現過程中，可能很容易懈怠。

為了讓自己更有動力，我們要把長期目標拆解為短期目標，把需要幾週或幾個月完成的學習目標拆解成每天的任務，或每天的某個具體時間段需要做什麼，讓長期目標也可以被量化。

例如，把「3個月內背完300首唐詩」的目標拆解成每天背誦4首唐詩。這樣，我們每天都能看到自己的進步。

SMART原則的第3項是，目標必須是可實現的（Attainable）。

過高的目標是揠苗助長，只會適得其反。如果一個目標不能實現，它不僅無法鼓舞我們，還可能讓我們失去學習的

興趣。

例如，把「4天內記住1000個單字」作為目標，大家還沒有開始背單字，就知道這個目標實現不了，也就沒興趣去實現了。

所以，目標不要設定得太高，一定要是我們努力後可以實現的。例如，我們現在每天可以輕鬆地背誦3首唐詩，那我們可以將每天背4首唐詩作為學習目標。

另外需要注意的是，雖然目標不應設定得過高，但也不代表目標要設定得很低。

例如，我們明明每天可以輕鬆地背誦3首唐詩，卻給自己制定每天背誦兩首唐詩的目標。

最好的目標是它在可達到的同時，具備一定的挑戰性，是「伸伸手」、「踮踮腳」、「跳一跳」可以達到的。有挑戰性的目標有助於激勵我們不斷進步。

SMART原則的第4項是，目標要和需求有相關性（Relevant）。

學習目標必須和我們的需求相關，不能「離題」。

例如，張三一個月之後有一場重要的數學考試，但他給自己制定的學習目標不是每天用1小時複習50題數學題，而是每天花2小時背50個英文單字。這個目標顯然「離題」了。

又或者，張三想提升寫作能力，他設定的目標應當與提

升寫作能力有關，例如每天寫一篇日記，但他制定的目標卻是1個月內背30篇課文。背課文和提升寫作能力雖然不能說毫無關聯，但不直接相關，不進行實際的寫作練習，寫作能力很難真正提升。這個目標也「離題」了。

「離題」的目標會讓我們缺乏動力，即使實現了，我們也可能因為缺少正面回饋而覺得沒收穫，甚至產生自我懷疑。

所以，在制定目標時，一定要考慮好自己的需求是什麼，制定的目標和需求是否有關係。二者的關係越緊密，實現目標的動力就越強，實現後獲得的滿足感也越強。

SMART原則的第5項是，目標要有時效（Time-bound）。

每個目標都要設定實現的期限，都應當有時效性，也就是要決定用多長時間或在某個時間點之前完成。

例如，每天的作業必須在1.5個小時內完成，寒暑假作業必須在寒暑假開學前完成。

沒有期限的目標等於沒有目標。

例如，張三給自己制定的學習目標是能夠完整背誦《唐詩三百首》，但沒有設置時間限制。於是他就一拖再拖，直到畢業也沒有完成這個目標。

為目標設定時間期限後，我們會產生緊迫感，從而學習得更專注，效率也更高。

3.2　方法歸納：用你的最佳實務解決難題

筆者做諮詢專案時，經常有創業者問筆者：「為什麼我做的產品不賺錢？但同行就能賺錢？」

實際上，萬事萬物皆有方法論。每個行業都有自己的門道。所謂門道，就是那個領域的方法論。找到最佳實務（best practice，做得最好的情況），並對其進行分析研究，就可以總結並提取出方法論，便於自己學習和應用。

具體上如何做呢？我們來看一個案例。

美國曾經有一家大型的交通客運公司，主要負責城市公車和地鐵的經營。很多乘客為了方便，乘坐公車或地鐵喜歡買月票。該公司近期遇到了一個大問題——售票員的售票速度實在是太慢了，每到月初或月末乘客集中購買月票的時候，售票窗口都會大排長龍。

除了售票速度慢引起的排隊問題外，售票員在售票過程中還經常出錯，出現了不少算錯票價、找錯錢的情況。這些事引起了乘客的投訴，這家公司因此還上了當地的報紙，給公司造成不小的負面影響。

這家公司一共有400多名售票員，他們絕大部分是以前的公車司機，因為年齡偏大、健康狀況不佳等而不能再開公車了。他們的平均年齡為55歲。售票員的崗位是公司照顧他們特意安排的。因為和工會有協議，公司不能輕易辭掉他

們。現在的問題是，如何在不能換人的前提下，改善這個情況呢？

於是，這家公司安排了大量的內部培訓，教這些售票員怎樣準確、快速地賣票，如何為顧客服務，但培訓後情況仍沒有明顯改善。公司覺得一定是自己在組織培訓的方式或培訓內容上出了問題。無奈之下，公司找來了一位人力資源管理方面的專家，想讓這位專家開發一套培訓系統或制訂一個培訓計畫，給這些售票員好好培訓一下。

專家了解整個情況後並沒有馬上對售票員進行培訓，他問：「是不是所有售票員的速度都很慢？或者都經常出錯？有沒有做得比較好的呢？」

接待這位專家的公司經理說：「大部分都不好，只有一個叫『聖利奧站』的車站的售票員做得不錯，那個車站沒有被投訴過。」

專家來到聖利奧站，然後就在售票窗口邊上站著默默觀察。他看到一名乘客來到售票口，說想要買一張兒童月票、一張老人月票和兩張成人月票。

售票員幾乎是馬上回答：「您好，總共是136美元。」

票價的設置是這樣的：兒童月票和老人月票屬於優惠月票，一張26美元；成人月票一張是42美元。專家心算了一下，他大概也得用半分鐘時間來計算和確認這個數字。這名售票員怎麼能算得這麼快呢？

　　他覺得有些不可思議，於是觀察得更仔細了。後來又來了一位買票的乘客，售票員也僅用幾秒鐘就報出票價，既快速又準確。

　　專家好奇地走上前去觀察，這時候，他發現在售票員的桌子上放著一張硬紙板，上面是手工畫的一張表格，如表3-1所示。

表3-1　聖利奧站售票員的速算表

		普通月票數								
		0	1	2	3	4	5	6	7	8
優惠月票數	0		42	84	126	168	210	252	294	336
	1	26	68	110	152	194	236	278	320	365
	2	52	94	136	178	220	262	304	346	388
	3	78	120	162	204	246	288	330	372	414
	4	104	146	188	230	272	314	356	398	440

　　這張表的頂端橫向是0～8的數字，代表普通月票的購票數量，左邊縱向是0～4的數字，代表優惠月票的購票數量，表格裡的其他數字，代表著買X張普通月票、Y張優惠月票，一共要花多少錢。

　　例如，有人要買2張兒童月票、2張老人月票、3張成人月票，一共多少錢？

在這個表格的左邊縱向找到4，在頂端橫向找到3，它們行列交會處對應的數字是230，也就是購買4張優惠月票和3張普通月票一共要230美元。整個過程只用了幾秒鐘，很快！

專家一看，原來這個事情可以這麼簡單！他接下來要做的，就是以這個表格為範本，把它做得更耐用一些、更大一些，印刷成彩色版本，封裝好了之後分發給每個車站，然後把使用方法教給售票員。

結果解決這個問題一共花了約500美元的材料費，僅經過了幾天時間，售票速度整體提升了70%，而且從此以後，售票員的出錯率幾乎變成了零。

透過這個案例可以看出，以問題為導向尋找並學習解決方法的情況可以分成3步。

1.分析情況

分析當前情況，找到當前問題所在。要先對當前存在的問題做詳細分析，而不是盲目地採取行動。這一步包括如下問題：

這件事的難點在哪裡？

當前最大的問題是什麼？

是哪個環節有問題？

2.搜尋最佳實務案例

找到在這個領域當中做得最好的那個人或最有參考價值

的案例，研究這個人為什麼做得好，採取了什麼方法，祕訣是什麼。研究這個案例為什麼具有參考價值。這一步包括如下問題：

這件事可以向誰借鑒？

誰在這件事上做得比較好？

做得比較好的情況有哪些？

3. 萃取經驗

把最佳實務案例中使用的方法和祕訣提煉出來，變成自己學得會的工具或範本，讓自己快速上手。這一步包括如下問題：

做得好的原因是什麼？

有哪些經驗或方法可以提取？

方法的具體實施步驟是什麼？

遇到難題時不應著急，分析當前情況，找到最佳實務案例並從中萃取經驗，就能為當前難以解決的問題找到解決方法。

3.3　經驗萃取：學會向高手提問

經驗可以被學習嗎？

很多人認為不能，因為他們覺得經驗不同於知識和能

力。知識可以透過書本或課程獲得，能力可以透過練習獲得，但經驗必須經過時間的累積才能獲得。所以論重要程度，經驗＞能力＞知識，經驗比能力和知識更有利於人們成長。

實際上，經驗是可以學的，但學習經驗的方法與學習知識和能力的方法有所不同。要理解這一點，首先要了解什麼是經驗。

經驗指的是工作時間的長短嗎？肯定不是。現實中很多工作了30年的人也不見得有什麼經驗。為什麼會這樣？因為一些工作了30年的人只是把同一套動作重複做了30年。這不是有30年的經驗，只是工作了30年。

那經驗到底是什麼？實際上，經驗更像是一種異常管理能力。對，說到底，經驗也是一種能力。這種能力，可以理解為異常管理能力。

以計程車司機這個職業為例。一個人，從不會開車到熟練掌握開車技能，熟記城市路線（有了導航後這一步變容易了），熟練掌握出租車營運規範，最終成為一名合格的計程車司機，需要多長時間呢？粗略統計，大概不到一年的時間就能做到。

但如果乘客可以自由選擇計程車的司機，老司機肯定比新司機更受歡迎，因為老司機的經驗更豐富。老司機比新司機多的經驗究竟是什麼？其實就是老司機對各類異常狀況的

應對處理能力。

如果還是不了解，可以想像一個場景。假如有一條沒有盡頭的路和一輛不需要加油的車，一名計程車司機在這條路上一直往前開，整條路上沒有其他車輛，也沒有行人，不需要轉向，不需要變道，不需要避讓，也不需要煞車，就一直開，開了30年。這位計程車司機就有了30年經驗嗎？當然不是。

那在什麼情況下，這位司機才算有了經驗？就是在自己正常轉彎時，即使路況良好，也要提防可能忽然冒出一輛闖紅燈的電動車；就是在接到了喝醉酒在車上睡著，怎麼也叫不醒的乘客時，知道可以請求警察的幫助；就是在變換車道時，知道再怎麼樣也不能著急。這樣才算是有了經驗。

經驗就是人們經歷了一個個關鍵事件，對這些關鍵事件的處理方法的歸納，以及得出的結論。再回到最初的那個問題，經驗可以被學習嗎？當然可以，只要懂得萃取經驗的方法就可以。

具體上如何萃取經驗呢？

萃取經驗可以用訪談的方法，向「高手」提出問題，總結出高手把事情做成功的方法。萃取經驗的提問有4個技巧，分別是拆分問題、聚焦到動作、有具體的行為佐證和從多維度上提問。

1. 拆分問題

如果目標問題較宏大，如「如何提高銷售業績」，不要直接問目標問題，而應該將目標問題拆分成更具體的問題，例如「你拜訪新客戶時會怎麼做」。

2. 聚焦到動作

萃取出的經驗不能是品格、價值觀、理念等思想上的比較空泛的概念，而要聚焦到具體的行為動作。要追問得更細，把經驗細化到最小的動作，做到普通人也能複製。

3. 有具體的行為佐證

總結出來的具體行為和動作要有具體的佐證。例如，得出「每天打100個陌生電話有助於增加新使用者」的結論，要有多次這樣做後確實增加了新使用者的資料作為佐證，並與沒這樣做所得到的資料進行比較。

4. 從多維度上提問

萃取「高手」的經驗時，不能只對「高手」提問，還要向與「高手」相關的周圍人提問。為了讓提問更有效，問的人越多越好。

萃取「高手」的經驗時，除了訪談「高手」本人之外，還要訪談「高手」身邊的人，還原她的生活和工作的全貌。不是每個人都具備較準確的自我認知，「高手」有時也不能完全意識到自己到底好在哪裡。藉由對「高手」身邊的人進行全方位的訪談，我們能夠更全面地認識到「高手」做得好

的原因。

例如，當我們想知道一個「學霸」的學習成績為什麼好時，不僅要問「學霸」本人平時是如何學習的，還可以問「學霸」的老師、父母、朋友，「學霸」平時的學習和生活情況。這樣才能完整地還原其學習的完整脈絡。

需要注意的是，萃取經驗時提出的問題不要範圍太廣，應該將大問題拆分，細化到某個具體場景，針對解決某類具體問題的方法提問。泛泛的問題並不能有效萃取經驗，反而是那些能細化到具體行為的問題能有效萃取經驗。

掌握萃取經驗的方法，可以留住優秀經驗，有助於快速提取並學習到優秀的經驗。

3.4 獎勵槓桿：增強你的學習動力

阿基米德說：「給我一個支點，我可以舉起整個地球。」

槓桿原理最早是從自然界的物理現象中總結出來的，後來被應用在不同領域。有效利用槓桿，往往能讓效率倍增。

學習也可以給自己加槓桿，最常見的槓桿是實施自我獎勵。人們通常會因為超額獎勵而做出額外的努力。

有個企業的員工食堂的承包商發現，員工吃完飯後餐盤亂扔的現象嚴重，工作人員收拾起來十分麻煩，於是去找辦

公室主任。

一開始，辦公室主任的做法是制定規章制度，規定如果在食堂吃完飯不把餐盤放到指定位置者，罰款10元。此規定公布後，情況並沒有好轉。辦公室主任認為是員工不知道該規定，還把規定列印出來貼在食堂的牆上，結果也沒什麼效果。

後來，辦公室主任覺得是因為沒有人監督該規定的執行，於是讓辦公室的工作人員在食堂監督。如果員工素質夠高，不需要監督也會遵守該規定。很多人不遵守該規定正是因為素質不高，工作人員餓著肚子在食堂監督，又沒有罰款權，很多員工根本不理會她。

後來，辦公室主任改變了做法：如果員工用餐後能夠把餐盤放到指定位置，就可以領取一個水果作為獎勵。其實，這本來就是最近辦公室主任與食堂承包商講好要做的提升餐飲品質的專案，即使員工沒有把餐盤放到指定位置，也將會在員工餐中加入水果。現在，把水果變成文明用餐的一種獎勵，此舉一出，果然效果顯著，食堂從此再也沒有出現亂放餐盤的現象。

這個方法同樣適用於自身的學習上。多學一些，就給自己一些獎勵。

促進學習的獎勵可以包括什麼呢？

完成小的學習計畫，可以實施比較小的獎勵，如看一場

電影,玩一會兒遊戲,吃一頓好吃的等等。完成大的學習計畫,可以實施比較大的獎勵,如獎勵自己一場旅行。需要注意的是,獎勵不能影響接下來的學習計畫。

除了實施自我獎勵外,還可以透過槓桿來增強學習動力。

當有一個目標想要達到時,一般人想的是,我要如何透過自身努力、自我良好地控制來達到這個目標,這是典型的「向內求」思維。而還有一種人除了想怎麼向內求之外,還會想能不能借助外力?能不能使用槓桿?這種人有一個共同的特點,就是擁有「向外求」思維。

內在的能量再強大,與整個外在世界的資源相比,也是渺小的。要做成一件事,光靠自己的努力顯然是遠遠不夠的。

例如,某人發現自己的自我管理能力差,於是給自己訂了一個年度目標:一年讀40本關於自我管理的書。這種思維本質上還是典型的「向內求」思維。

其中隱含著一個邏輯漏洞。他的邏輯是:因為我的自我管理能力差,所以我想利用一年讀40本書來提升自我管理的能力。可是,讀書本身也是一件很辛苦的事,一個自我管理能力差的人,能管住自己讀40本書嗎?顯然這個目標最終實現的可能性很小。

有沒有其他辦法呢?

有！例如，可以把年度目標改為參加讀書會，並當眾承諾要在會上分享40本書的讀後感。這就開始把純粹的向內求轉成向外求。參加讀書會，透過社群給自己壓力，社群裡的人會監督自己，分享的過程會產生溝通和交流。這是透過「輸出」來倒逼「輸入」。這樣做，目標不僅更容易實現，而且實現的效果會更好。

還有其他辦法嗎？

有！例如，可以把年度目標改為找到自我管理方面的專家，拜他為師，向他學習。專家必定花費了大量的時間在這件事情上，很可能看過大量的資料，走過許多的彎路，提煉過諸多的核心觀點，幫助過許多有類似問題的人。

總之，直接向專家取經，向他提出具體的問題，可以更有針對性地探討問題，更有條理地分析問題，更全面地解決問題，這是更進一步的借力。

還有沒有更好的方法呢？

有！比如說，可以把年度目標改為「成為自我管理方面的專家」。這個目標顯然更難一些，但達到後能使自己的價值倍增。

要實現這個目標，可能需要「不斷地學習並透過讀書會分享N本書」＋「找到自我管理方面的專家並拜師學藝」＋「加入各種圈子以尋找資源繼續學習」＋「不斷地提煉總結核心知識」＋「不斷地嘗試幫助自我管理有問題的人」等等。

因為自己在自我管理方面存在不足，所以更容易搞清楚問題的根源和抓住痛點。因為有切身的嘗試和感受，所以更容易知道哪些理論是「真雞湯」，哪些是「假雞湯」；哪些是「解藥」，哪些是「毒藥」。這個層面是更有智慧的借力，是「借自己之力」＋「借外界之力」。

利用槓桿來增強學習動力，不僅效率倍增，知識「邊界」也會越來越廣。

3.5　適度愚蠢：對學習來說，笨一點不是壞事

有人問筆者：「我的行動力不足。你寫了那麼多書，行動力那麼強，是怎麼做到的？」

筆者的回答是：「因為傻……」

很多人說晚清名臣曾國藩不會打仗，因為他是文官出身，連馬都不會騎。但曾國藩率領湘軍成功鎮壓了太平天國起義，立下了汗馬功勞。曾國藩用的方法是「結硬寨，打呆仗」。這種看似最「笨」的方法，卻最有效。

傻，其實是一種做事的智慧。

李嘉誠曾說自己成功的祕訣是讓別人多賺一點。很多人做生意只想著自己利益的最大化，不考慮上下游的利益，結果沒多久生意就做不下去了。李嘉誠寧可自己少賺一點，讓

合作夥伴多賺一點，這樣大家都願意和他做生意，他的生意才會越做越大。

聰明過頭，精於算計，吃虧的是自己。帶點兒傻氣，埋頭苦幹，反而有所收穫。

有時傻一點，不是壞事。有時太精明，也不是好事。這個世界上從來不缺聰明人，缺的是敢承認自己不夠完美，卻又願意傻傻堅持的人。

傻一點，不僅是行動力的保障，也是學習的需要。

詹姆斯・馬奇（James G. March）曾說：「學習時不要過分理性，而要適度愚蠢。理性不等於智慧，適度理性加適度愚蠢，才是智慧。」

詹姆斯・馬奇是誰？

2003年，管理學者羅倫斯・普賽克（Laurence Prusak）和湯瑪斯・戴文波特（Thomas H. Davenport）在《哈佛商業評論》上公布了一份包含200位管理大師的排行榜，然後他們問了上榜的管理大師們一個問題：誰是你心目中的大師？

結果排在第1位的是現代管理學之父彼得・杜拉克（Peter Drucker），排在第3位的是本書的主角赫伯特・西蒙，排第2位的，就是詹姆斯・馬奇。

詹姆斯・馬奇是與西蒙類似的另外一位通才，他是管理學、經濟學、政治學、社會學、教育學、電腦科學、統計學等多領域的專家。此外，他還製作過紀錄片，出過詩集。顯

然，如果沒有強大的學習能力，他不可能取得這樣的成就。

　　對於學習，馬奇認為應當從經驗中學習，但不能過分依賴經驗；學習時應該高效，但不能過分高效。就像一隻貓碰到熱爐後被燙傷，從此再也不碰熱爐。但也許這個熱爐是間歇性發熱的，冷卻時踏過熱爐就可以找到食物。如果過分依靠經驗高效學習，則在第 1 次被燙傷之後就再也不會嘗試第 2 次。

　　被燙到一次後，貓得出再也不碰熱爐的結論，從而不再做任何的嘗試和努力。這種模式不是真正的學習，只是淺嘗即止而已。

　　什麼是智慧？智慧是 7 分聰明，3 分傻。我們學習的時候，要多坐在那 3 分裡；處事的時候，要多站在那 7 分中。

　　自作聰明的人喜歡「秒懂」，當他學習的時候，剛學了開頭，他就會說：「啊！我知道了！這個事是這樣的！」對於普通的小事，「秒懂」也許沒有太多壞處。但對於學習，「秒懂」並不是件好事。別人又不傻，很多知識是從多年的經驗中辛苦總結出來的，怎麼會輕易被「秒懂」？

　　學習是一個收穫的過程，猶如春種秋收，會有一個如種子發芽般改變的階段，並不是如許多人想像的那麼容易。有時我們覺得自己學習的時候是在接受，但內心並沒有真正接受；有時我們覺得自己在學習，但並沒有真正在學習。因為我們獲得的只是資訊，而非知識。

很多人注意力不集中，專注力不強，就是因為太「聰明」，吃碗內看碗外，不能平心靜氣地學習。有一點勞累，馬上就找有沒有捷徑可以走。發現一些原本不知道的新東西，馬上就覺得自己學到了。

有句話說得好：人要拼命努力，才會讓自己看起來毫不費力。

用「拼命」來形容「努力」其實並不準確，這會嚇退很多人。普通人的生活學習又不是打仗，沒有你死我活，拼什麼命呢？

不如說：人要傻傻地努力，才會讓自己看起來毫不費力。

做人不如傻一點，傻傻地努力，傻傻地做事，傻傻地學習。少說少想，多學多做，普通人才更有可能做成不普通的事。

3.6　學會放棄：面對抉擇時如何取捨

人的時間和精力有限，既不可能什麼都得到，也不可能什麼都學會。很多時候，人們必須懂得做選擇；很多時候，人們只能從眾多選項中選擇一項。設定目標的同時，意味著做選擇，也意味著放棄。西蒙不僅懂得學習和做科學研究，也懂得放棄。

首先是事業上的放棄。西蒙曾經有機會擔任卡內基梅隆大學的校長，但是他拒絕了。原因是西蒙認為行政職位的工作會占用掉自己大量的時間，不僅會影響自己的科研，而且會束縛了自己的生活。

其次是愛好上的放棄。除了學習之外，西蒙把很多時間用在自己的興趣愛好上，但他懂得取捨，知道不能玩物喪志，清楚什麼對自己來說最重要，什麼是相對來說不那麼重要的。他會管理自己的興趣愛好。

西蒙主要的興趣愛好有下西洋棋、徒步旅行、畫畫和彈鋼琴。但因為時間有限，當他發現某種興趣愛好耗費的時間過多，影響他的研究工作時，他就會果斷放棄。

例如，他先是喜歡西洋棋，高中時花了兩年時間玩西洋棋。西蒙的棋藝很高超，甚至打敗了他所在城市能力最強的棋手。但因為西洋棋是輸贏性質的博弈類遊戲，會激發人的好勝心，要讓自己維持高水準的棋藝，西蒙每週需要花一兩天的時間來練習，這對他來說太耗費時間了。

相較於西洋棋，徒步旅行這一興趣愛好沒有競爭性，沒有輸贏，不需要向別人證明自己在某種程度上能做到最好，而且還有助於開闊視野、陶冶情操、放鬆心情。這個興趣就被西蒙一直保留了下來。

西蒙雖然是個色盲，但很喜歡畫畫，還透過練習找到了適合自己的畫畫方式。他畫了一兩年，後來發現畫畫開始在

他思考問題的時候占據他的思緒，就不再畫了。但他有時候還是忍不住想畫，這個興趣就慢慢變成了他旅行途中的消遣。

西蒙喜歡彈鋼琴，他能以精準的節奏完整彈奏莫札特的奏鳴曲、巴哈的序曲。但因為彈鋼琴同樣需要耗費時間來練習，這對他來說依然是要放棄的。

很多人誇西蒙的興趣廣泛，但其實他自己是很節制的。對西蒙來說，最重要的事是理解人類的思維模式。這件事的重要性超過了他所有的興趣愛好，所以他做出了取捨。

有意思的是，在西蒙發表的文章當中，他經常會談到西洋棋、彈鋼琴這些興趣愛好。從某種意義上來講，西蒙的興趣愛好是為他的專業工作服務的。

偉大的人都是懂得放棄的人，他們知道在有限的時間裡只能做有限的事。如果不懂得放棄，最終可能什麼事都做不成。與西蒙類似，愛因斯坦曾經拒絕過當總統的邀請。

1948 年 5 月 14 日，以色列正式建國。不久之後，便爆發了阿拉伯國家與以色列之間的戰爭。那時，已經定居美國 10 多年的愛因斯坦（Albert Einstein）向媒體宣稱：「現在，以色列人再不能後退了，我們應該戰鬥。猶太人只有依靠自己，才能在一個對他們存有敵對情緒的世界上生存下去。」

以色列的首任總統魏茨曼（Chaim Azriel Weizmann）逝世後，一位記者給愛因斯坦打電話，詢問愛因斯坦：「聽說

以色列將要邀請您出任總統，教授先生，您會接受這個邀請
嗎？」

「不會的，我當不了總統。」愛因斯坦斬釘截鐵地說。

「教授先生，總統是象徵性的，您是最偉大的猶太人。
哦，不，您是全世界最偉大的人。如果能由您來擔任以色列
總統，展示猶太民族的偉大，這再合適不過了。」這位記者
說。

「不，我做不了。」愛因斯坦依然堅定地說。

愛因斯坦剛放下電話，駐華盛頓的以色列大使就打電話
來。大使說：「教授先生，我是奉以色列總理大衛・本—古
里安（David Ben-Gurion）的指示來請問您，如果提名您當
總統候選人，您願意接受嗎？」

「大使先生，關於自然，我了解一點兒；但是關於人，
我幾乎一點也不了解。我這樣的人，怎麼能當總統呢？麻煩
您向外界解釋一下，幫我『解解圍』。」

大使進一步勸說：「教授先生，已故的總統魏茨曼先生
也是教授。他能勝任，您一定也可以的。」

「魏茨曼和我不是同一類型的人。他能做到的，我不一
定能做到。」

大使最後說：「教授先生，請您再認真地考慮一下。全
世界每一位猶太人，都在期待您成為總統呢！」

不久後，愛因斯坦在報上發表聲明，正式謝絕出任以色

列總統。

對世人來說，國家總統是一個令人羨慕的職位，也是許多人夢寐以求的，當上總統不僅可以獲得權力和地位，而且可以流芳百世。

作為科學家，愛因斯坦明智地根據自己的特長制定人生規劃，確立目標並一直為之奮鬥，終於在光電效應理論、布朗運動和狹義相對論等多個不同領域取得了重大突破。

狹義相對論的誕生，促使人們了解了時間旅行的奧祕、核分裂的巨大能量、宇宙的起源和終結、黑洞和暗能量等奇妙現象。這個世界還有許許多多的奧祕都隱藏在他的狹義相對論中，等待世人去發掘。

假如那時愛因斯坦當了總統，沒有堅持留在科研領域，很難講這個世界上會不會有一個「偉大的政客愛因斯坦」，但因為他要把時間用來處理國家事務，應該很難會有「偉大的科學家愛因斯坦」。

3.7　集中突破：善用自己的優勢去競爭

我們的人生充滿著各式各樣的選擇、機會與決定，但是我們的人生也存在著很多局限，我們不可能做到無處不在、無所不見、無所不能。

我們受制於自己的健康、財富、知識等，而最大的局限，就是時間。有限的時間做不了無限的事情，要達到目標，必須專注。

因為專注，才有了「夸父追日」的精神。

因為專注，才有了「精衛填海」的毅力。

因為專注，才有了「愚公移山」的執著。

因為專注，才有了「聞雞起舞」的勤勉。

然而我們應該專注於什麼呢？

如果有兩個選擇，第1個選擇是在自己的優勢領域投入時間學習，第2個選擇是在自己的劣勢領域投入時間學習。你會選擇哪一個呢？

如果是學習學校裡的學科知識，毫無疑問要選擇第2個。但如果是成年人為了個人發展而學習，那應該選擇第1個。

美國知名的政治家班傑明·富蘭克林（Benjamin Franklin）說：「寶貝放錯了地方就是廢物。」

人要有所成就，必須對自己有基本的認識。例如，我的英文也許差一些，但寫小說、詩歌我是能手；我可能解不出那麼多的數學難題，或記不住那麼多的英文單字，但我在處理事務方面有特殊的本領，能知人善任，有高超的組織能力；也許我連一個蘋果也畫得不像，但是有一副動人的歌喉；也許我不擅長體育運動，但棋藝水準很高。

發現自身的優勢對每個人來說都意義重大，然而卻有許多人不知道該怎麼做。很多人都有這樣的疑問：我怎麼知道自己是否正在做自己最擅長的事情？我怎樣才能發現自己真正的優勢所在？

回憶在學習、生活、工作經歷中給我們留下深刻、難忘、激動、興奮的體驗的事，或回憶我們很順利、高品質地完成某件事情，或學習掌握某個知識或技能的經歷，這可能就是我們的獨特優勢。

卡爾·馬克思（Karl Heinrich Marx）幾乎花了畢生的心血來研究資本主義社會的運作規律，發現和揭露了資本賴以生存的奧祕，從而在政治經濟學中掀起了一場革命。但是，馬克思早年的興趣很多，尤其喜歡文學。

馬克思在學生時代便有眾多愛好，並顯露出多方面的才華。他在中學時期，特別喜歡語文課。因為想像力豐富，讀的東西又多，加上語法知識掌握得好，所以他的作文寫得相當生動，常受到老師們的稱讚。

17歲那一年，他考進了波昂大學，攻讀法律。大學的生活使他置身於一個廣闊的知識海洋之中，他專心致志地學習科學和藝術。他除了學習法學課程之外，還選修了文化史和文學藝術史等課程。

他潛心研究文學藝術，懷著強烈的創作欲望，並希望在這方面施展自己的才華。他開始翻譯古羅馬詩人的作品，使

自己在這方面得到更多的鍛鍊。他還利用空餘時間寫詩，既有諷刺詩，也有敘事詩、抒情詩，借此抒發自己對親人的思念。

馬克思寫的詩感情真摯，但在藝術上並沒有什麼獨到之處。馬克思善於剖析自己。他認為文學應當接近實際，而不應漫無邊際地遐想，玩弄辭藻不能代替詩意想像，形式主義既沒有鼓舞人心的東西，也沒有振奮人心的思想。後來他認識到寫詩並不是自己的所長，自己或許永遠也不能成為一位真正的詩人。

意識到這一點後，他毅然把留存在身邊的詩稿付之一炬。從此之後，馬克思便集中精力，在自己擅長的哲學和政治經濟學領域刻苦耕耘，並最終和恩格斯共同創立了馬克思主義學說。

一些先賢早年也是以己之短試圖有所突破，但他們一旦頓悟，就會果斷地修正人生目標，發揮自己的優勢、潛能，終有所成。在選擇人生努力的方向時，我們只要確定了最能使我們的長處得到充分發揮的目標，鍥而不捨地走下去，就可能獲得成功。

用自己的優勢去面對別人的劣勢，事半功倍；用自己的劣勢去面對別人的優勢，事倍功半。如何發現自己的優勢呢？

我們可以用以下4點來找到自己的優勢。

（1）Success（成功）──**充實、高效、創造力和成就感。**

當我們做某類事情時，比別人做得更快，比別人更善於發揮，能一氣呵成，這就是一個訊號。例如，同樣是寫一篇文章，別人從構思到完成可能要花很多時間，也許想了很久也毫無頭緒。但有人卻文思泉湧、信手拈來、妙筆生花。這當然代表著這個人在這方面比別人更有天賦。

（2）Instinct（直覺）──**期待、興奮、吸引力和探索欲。**

當看到別人在做某件事時，我們心裡是否會有一種「我也想做這件事」的召喚感？我們是否有過在日常的工作、學習和生活中，對某種刺激感到很興奮，而對其他的刺激無動於衷？我們是否有過很願意做某件事而且能做好的情況？這些都是重要的訊號，它代表了我們潛在的、獨特的優勢所在。

漫畫家朱德庸說，他仍依稀記得他的第一幅漫畫。他說：「大約四五歲時，有一天我非常激動，好像有一支筆一直叫著我的名字，說用我來畫漫畫吧。」這正是一個重要的訊號，幼年的朱德庸沒有忽視它，馬上拿起筆畫起來，一畫就是幾十年。

（3）Growth（成長）──**輕鬆、簡單、專注力和求知欲。**

我們在做某類事情時無師自通，這會是一個重要訊號。一個班的學生都是學同樣的課程，接受同樣的教育，但對不同科目，大家的學習能力有所不同，這使得學習成績會有很

大的差異。

　　很多人可能會發現，自己在做某些事情時需要學習，需要不斷地去修正和演練；而在做另外一些事情時，幾乎是自發的，不用想就能依靠本能完成這些事情。

　　有些人在某些方面具備出眾的能力，即便沒有接受過相關的教育與培訓，依然可以駕輕就熟。比如流行歌手戴佩妮、鄭智化不識五線譜，卻創作出不少頗受好評的歌曲。有銷售天賦的人，天生就可以很快拉近和陌生人的距離，並且容易與別人保持良好的關係。

　　（4）Needs（需求）——**想要、需要、存在感和滿足感。**

　　有個廣為流傳的演講叫「你到底多想要成功」（How bad do you want it），演講裡說：「大多數人說想要成功，但大多數人只是嘴上說說。他們對成功的渴望還比不上他們想要去派對的渴望，比不上他們想要購物的渴望，甚至比不上他們對睡覺的渴望。」有多想做成某件事，決定了有多大可能做成某件事。

　　我們有沒有非常渴望去做的事情？當我們完成某件事時，是否產生了滿足感？當我們運用某些能力時，是否感覺到開心和欣喜？這都會是我們內心對某個方面有「需求」的訊號。

　　當某個方面對我們來說同時滿足以上4點時，不要猶豫，那一定就是我們要找的東西——優勢！

〔專欄〕
以科學減重為例！如何設定一個可行的好目標

目標是從哪裡來的呢？

目標＝期望－現狀。

期望，是自己想要實現的狀態。現狀，是自己當下真實的狀態。

有了這個公式之後就可以決定目標了嗎？

還不行，還需要經過復盤和驗證，讓目標符合SMART原則。如何做呢？我們來看一位女士減肥的例子。

減肥是簡單的麻煩事。說它簡單，一是因為減肥的啟動容易，二是因為減肥的原理簡單，只需要「管住嘴，邁開腿」；說它麻煩，是因為減肥的過程比較艱難，許多人進行一段時間後就放棄了。但本質上，減肥失敗是目標和方法出了問題。

一位女士覺得自己體重較重，想要減肥。

這時候，她的期望是更輕的體重，現狀是覺得自己體重比較重。目標清楚了嗎？

沒有！因為更輕的體重並不是一個有效的目標，不符合SMART原則。

這位女士現在的體重是70公斤，她想在3個月後，把體重減到50公斤。這3個月的時間和體重由70公斤到50公斤

之間的20公斤，就是她的減肥目標。

到這裡結束了嗎？還沒有。

3個月內，體重由70公斤減到50公斤，這個目標科學嗎？會不會對身體有害？

這位女士計算了身體質量指數（Body Mass Index, BMI），根據健康人體的身高和體重的比例，她減到55公斤已經是健康體重的最低值了。到55公斤之後，她就不需要再減肥了，再減的話就是不健康了。

為了保證自己的健康，她決定自己減肥後的體重要比健康體重的最低值再多一些，因而把減肥的目標訂為：3個月內，體重由70公斤減到60公斤。可是，這個目標就科學了嗎？

她後來諮詢了減肥方面的專家。專家給她的建議是，3個月內減少10公斤體重對身體來說是不健康的。另外，減肥是長期的，即使她在3個月內用盡各種方法減了10公斤，但如果生活方式沒變，遲早會反彈。所以這個目標也不科學。

科學的減肥目標，不應該只關注體重，更要關注生活方式的改變。

專家建議，不如把目標設定成用6個月的時間，養成一種良好的生活習慣。在這期間，自然就能實現減重10公斤。好的生活習慣不僅能讓人長期維持合理的體重，還能保持身體健康。

這個生活習慣包括兩部分，第1部分是控制飲食；第2部分是每天跳繩。控制飲食是為了控制能量攝入，每天跳繩是為了增加能量輸出。

這裡總結一下。

1. 動機

這位女士在不斷深入地了解當中，確定了正確的減肥動機——為了健康而減肥，而非為了好看捨棄健康。

2. 選擇

這位女士選擇的減肥方法，是相對比較科學健康的減肥方法。

3. 目標

經過不斷修正，她將目標設定為用6個月的時間養成一種良好的生活習慣。

4. 拆分

這位女士根據目標，制訂了詳細的減肥計畫。

5. 集中

接下來，這位女士要做的就是按照減肥計畫開始實施。

有些目標從一開始就錯了，有些目標註定無法達到。從這位女士減肥的案例中，我們能夠看到目標形成的過程。制定目標不僅要看清期望與現狀，要時刻遵循SMART原則，還要考慮實現的方法，通盤考慮目標和實現目標的方案，並且要不斷驗證目標的有效性和合理性。

〔專欄〕
零基礎4個月通過法考，實現不可能的目標

　　西蒙是一個有目標、有規劃的人。他會根據目標，規劃自己學習和研究每個領域需要的時間。當然這個方法並不是西蒙獨創的。事實上，有目標後，就要有針對目標的具體行動計畫，這不僅是學習的需要，也是通用的做事方法。

　　中國國家統一法律職業資格考試（以下簡稱「法考」）的難度很高，但只要有目標、有規劃，學習方法得當，就算學習成績不好的學生也可以通過該考試。

　　知乎平台上的「好好」曬出了自己如何用4個月時間，在零基礎、非法律本科專業的情況下，通過法考的經驗。

1.動機

　　好好期望擁有好的職業發展前景，但自己並不算是學習能力很強的「學霸」。好好在一所普通二本院校讀書，大學時期曾經有9門課當掉要重修，平均績點2.3，甚至在決定參加法考時，自己還有兩門課沒有完成重修。好好需要一個能讓自己獲得更好職業發展前景的途徑。

2.選擇

　　好好選擇參加法考，因為法律事業是一個可以為之奮鬥一生的事業，而且經驗越豐富，回報越高，是一個「搭積木遊戲」。

3. 目標

好好制定目標時遲疑過，在正式開始學習之前，好好經歷了大約1個半月的迷茫期。這段時間，好好雖然有了參加法考的想法，但沒有明確的學習計畫。每天該學什麼都沒有安排，也看不到學習的成效，自我效能感很低。

好好之前就沉迷於玩遊戲，這種學習狀態讓好好感到迷茫無措，於是又開始每天在玩遊戲中度過。沒有目標，沒有規劃，好好覺得自己不能再這樣下去。

離考試還剩4個月，好好將目標制定為4個月內通過考試。

後來的4個月，好好把遊戲中升級做任務的方法用在了學習規劃中，給自己制訂了詳細的學習計畫，不僅確定了每個月應該學什麼，而且決定了每天的每個時間段應該學什麼。有了清晰的學習規劃，好好每天起床後都知道自己當天應該做什麼。有了明確的學習目標，每天完成目標後好好感受到了自己的進步，獲得了學習的成就感。

4. 拆分

在這4個月的時間裡，好好的學習規劃如下：

第1階段，2個月的時間，學習基礎知識。

每天學習6節購買的學習課程，掌握課程所對應配套教材的兩章內容。每天做100道題。

好好說這個階段的關鍵並不在於每天一定要學很長時

間，而在於培養學習的習慣，提升學習能力。另外，不要貪
圖資料的數量，用什麼學習資料不是關鍵，把市面上主流的
書籍和課程學好了就足以通過考試，關鍵是要真的用起來。

第2階段，1個月的時間，做題提升。

在這個階段，因為沒做過真題（考古題），而且還有些
高階衝刺課程沒有學，周圍人和好好一開始都對通過考試不
抱希望。但好好經過前一階段的總結復盤，覺得自己有可能
通過考試，於是給自己制定了客觀題（編按：讓考生從事先擬
定的答案中辨認出正確答案的題目。題型有判斷題、選擇題、匹配
題等）195分、主觀題（編按：能考查學生具體情況或個性的試
題，通常需要考生自己組織材料，並用合適的方式陳述出來。包括
論述題、論文題、材料分析題等）115分的目標。

好好開始以每天6節課的進度學習高階衝刺課程。這一
次，好好把講義印了出來，先做題，再聽課。這樣可以將自
己沒把握的題目或寫錯的題目作為聽課重點，學習效果更
佳。

此外，好好開始每天做真題，把近5年的真題全部做了
一遍，並且搞清楚了每道題背後要考查的知識點，甚至把選
擇題每個選項的對錯原因都搞清楚了。做題時發現不懂的，
好好便再回頭去看書，讓自己把每個知識點都「吃透」，不
留盲區。

由於第1階段養成了好的學習習慣，好好在第2階段每

天的學習時間都能保持在10個小時。因為第1階段大量做題，好好在這個階段可以檢驗自己對知識的掌握情況，從而串聯起整個知識體系，讓自己對知識的理解更加深入。

當然，好好在這個階段也曾感到迷茫，因為做題的時候經常會遇到自己不熟悉，回顧後也搞不懂的知識，還會出現在一個知識點上反覆出錯的情況。這讓好好一度打起了退堂鼓。但因為已經上路，而且前期已經有了比較多的累積，好好不想輕易放棄，於是她很快調整心態，重拾信心。

第3階段，1個月的時間，考前衝刺。

這個階段的主要任務是查漏補缺，以及對考試真題的重複鞏固和研究。法考每年的考點是類似的，重點知識一定會反覆考，所以多做幾遍真題，把真題研究透徹是非常有必要的。

對主觀題的準備同樣需要好好研究真題。除此之外，解答主觀題時對法條的定位很重要，所以需要掌握快速查詢法條的方法。好好找了一個類似考試系統的法條定位系統，並加以練習，提升了自己主觀題的答題效率。

好好備考時用到的學習資料主要有以下6類：

（1）法考的線上課程。

（2）線上課程提供的配套教材。

（3）法考的模擬練習題。

（4）近5年的真題。

（5）線上課程提供的考前重點背誦內容。

（6）法條定位系統。

5.集中

按照制定好的目標和規劃，好好最終的法考成績是客觀題225分、主觀題127分。如今的好好已經在律師事務所上班。

科學地制定目標和有效地規劃學習進度是有效學習的關鍵，也是通過考試的關鍵。

第4章

拆分
理清頭緒，學起來更簡單

拆分是一種能力，是學習能力的重要組成部分。西蒙認為，任何知識都可以拆分成不同的組塊。表面上看起來再複雜、再難學的事物，透過拆分成不同組塊，對不同組塊各個擊破，就能夠很好地去學習掌握。

4.1 學習組塊：找到學習的最小單位

西蒙學習法強調把宏大的知識拆分成不同的組塊（chunk）。什麼是組塊？

1956年，曾任美國心理學會會長的美國心理學家喬治‧米勒（George Miller）在《心理學評論》（*The Psychological Review*）上發表了一篇文章〈神奇的數字7±2：我們處理資訊能力的局限〉（The Magical Number Seven, Plus or Minus Two: Some Limits on Our Capacity for Processing Information）。米勒認為，人的短時間記憶只能記住7±2個組塊的訊息。實際上，多數人短時間內能記住的組塊的範圍還比這個小，大約是3～5個。

組塊不是一個特定的符號，而是指人們在記憶時將資訊劃分成不同的組別。

例如有這樣一串數字「12832685198」，對於多數人來說，很難在短時間內將這11個毫無關聯的數字存入短期記憶。但如果把這11個數字想像成手機號碼，將其分成3組，例如「128＋3268＋5198」，則記憶難度將大大降低。

原來記不住，是因為將其看成11個不相關的數字，有11個組塊。根據米勒的研究，這個數量已經超過了人短時間能夠記住的組塊數。後來能記住，是因為將其看成3個不相關的數字組，只有3個組塊，這是多數人可以短時間內記住的

組塊數。

1個數字可以是組塊，1組少於5個數字的數字組也可以是組塊。1個字可以是組塊，1個有意義的詞語也可以是組塊。例如，你、我、他，可以分別是1個組塊，一共包含3個字；「你們倆」、「我和他」、「咱們仨」也可以分別是1個組塊，一共包含9個字。

透過將知識拆分成適當的組塊來學習和記憶，我們能夠記住更多的資訊。

把知識拆分成組塊有什麼好處呢？

1. 知識梳理

劃分學習組塊的過程也是知識梳理的過程。這種知識梳理能讓我們更清晰地看到知識的全貌，理解知識的內涵，便於從整體上掌握知識的脈絡。

2. 落實計畫

知識被劃分成組塊後，有助於據此制訂、開展和實施學習計畫。因為學習每個組塊的內容所需要的時間更短，所以更有可能讓學習計畫落實。

3. 積極回饋

劃分組塊的本質是化大為小。整體知識不容易學習，很難讓人在短時間獲得學習的喜悅。單個組塊的知識比整體知識更容易學習，學會單個組塊的知識後，也能獲得學習的成果，讓人體會到學習的喜悅。

如何劃分知識組塊呢？

1. 從問題出發來劃分

從問題出發，不斷推演，不斷尋找需要解答的問題。當解答完這些問題後，知識組塊的劃分通常就完成了。

例如，學習開車需要學會什麼？先學什麼？再學什麼？哪些組塊是在正式上路前必須學會的？哪些組塊是記住之後必須進行練習的？

2. 用章節目錄來劃分

書中的章節目錄本身就是作者劃分好的知識組塊，讀者可以直接利用這些組塊展開學習。閱讀一本書的方法不是翻開書從第 1 個字看到最後 1 個字，而是帶著問題有計畫、有重點、有順序地閱讀，可以先讀自己最感興趣、最急需解決的問題所對應的組塊。

本章接下來還會介紹劃分和運用知識組塊的其他方法。

4.2 中斷點續傳：讓自己每天都進步一些

將知識拆分成不同組塊後，就可以找時間，對不同的組塊進行學習了。

很多人學了一會兒，思想就開小差，很難集中精力。有個詞叫「心流」，指的是人們全身心投入一件事後，忘了時

間，忘了周圍環境的一種全神貫注的狀態。心流當然是學習的最佳狀態，但心流往往是可遇而不可求的。

學習時無法進入心流狀態怎麼辦呢？當學習某一類知識後有些厭煩，精神疲勞時怎麼辦？有一個技巧可以解決這類問題，這個技巧叫中斷點續傳，如圖4-1所示。

圖4-1　中斷點續傳示意圖

中斷點續傳原本是一種網路資訊傳輸技術。網際網路剛出現時，下載的原理是把文件看成一個整體來傳輸資料。因為當時網路傳輸的速度慢，個人電腦的配置普遍比較低階。如果電腦在下載過程中當機或關機，不論已下載的內容有多少，就算已下載到99.99%，都需要從頭再來。

中國早期出現的一批下載軟體就用中斷點續傳技術解決了這個問題。中斷點續傳的含義是在下載或上傳時，把下載或上傳的任務人為地劃分成幾個部分，每部分採用一個線程（thread）來下載或上傳。這就將原本的一個整體切分成不同

的小塊。

　　假如現在要下載某個文件，使用中斷點續傳技術就是假設把這個文件切分成100份，再平均分成10份，然後從1到10，從11到20，從21到30……分別進行下載。

　　在這種情況下，如果遇到網路故障，已經下載的部分還在，等網路恢復後可以從沒有下載的部分開始繼續下載，而不必再從頭開始。和以前相比，這種方式大大節省了下載時間。

　　也就是說，中斷點續傳的原理是透過分模組、多線程、多工模式，解決一出現故障就要從頭再來的問題。明白這個原理後，我們可以把這個原理變成一種學習的方法。

　　筆者在進入一個全新領域時，會先將這個全新領域的知識劃分成不同的組塊。分完組塊後，筆者並不是按照順序從第1個組塊學到最後1個組塊，而是依當下的時間和自身的狀態選擇某個組塊來學習。

　　筆者的習慣是先學自己最感興趣、最疑惑或與當前最急需解決的問題有關的那個組塊，學完那個組塊後，再從那個組塊向不同方向延伸，學習其他相關組塊。

　　例如，筆者要開始學習人力資源管理知識時，就將人力資源管理知識劃分成600多個組塊，每個組塊都針對了一個實戰問題，如「辦理員工入職的手續是什麼」、「員工入職可能存在哪些法律風險」、「員工入職培訓應該怎麼做」等等。

中斷點續傳學習法的好處有以下3點：

1.圈住專注力

比較多的組塊更容易圈住人們的專注力。劃分出不同的組塊，相當於確定了學習的任務量。由於劃分的組塊較多，感覺上任務量還是蠻大的，這時我們每天都會想到與這些任務量相關的內容。

就算偶爾思維跳躍，大腦開了小差，想到另一個組塊的相關內容，也可以就直接去學習那個組塊。這就讓開小差後想到的新鮮知識仍然在自己當天學習的內容範圍內。

例如，採用中斷點續傳的學習方法，筆者就很難在大腦中有600個知識組塊要學習的同時，再去想一些其他瑣事。就算偶爾思維跳躍，也可能是在這600個知識組塊之內「跳躍」。這時候可以放任自己跳過當前的學習組塊，先學習那個感興趣的組塊。這樣雖然思維可能會跳來跳去，但不論怎麼跳，都在完成學習任務的總進程當中。

2.思維變換

大腦在學習不同類型的知識時，動用的區域是不同的。學習時，讓大腦得到休息的方法並不一定是什麼都不做地放空，還可以是學習另一類知識，去動用大腦的另一個區域。中斷點續傳的學習方法，就可以實現這個效果。

由於不同知識組塊的屬性是不同的，交錯學習對大腦而言就是一種放鬆。運用中斷點續傳原理分解學習任務，既可

以從整體上保持專注，又可以讓大腦得到必要的休息。

人們雖然在長時間學習，但學習不同組塊的知識可能用到大腦的不同區域，從而會給大腦新鮮感。

在學校教育中，一個學期安排不同學科的課程，實際上就用到了這個原理，只不過排課的工作是別人（老師）做的。我們也可以運用這個原理自己做。

3.心流狀態

心流這個詞通常是指心無旁鶩地做一件事時所表現出的心理狀態。但心流的含義不限於此，心流狀態下完全可以心無旁鶩地做很多件事，而且每件事都是為整體和目標服務的。

很多人覺得心流是可遇而不可求的，所以當覺得自己不能進入心流狀態時，就選擇放棄做眼前的事，而去做一些無關的事。實際上，運用中斷點續傳原理，人們可以透過做很多相關的、不同的事，把自己留在完成與目標相關的任務中。

即使是注意力不集中，很難進入心流狀態的人，也可以運用這個方法，達到與進入心流狀態類似的效果。

中斷點續傳方法是將知識拆分成組塊後進行學習的一種有效方法。它不僅可以條理清晰地劃分知識組塊，而且可以圈住專注力，透過思維變換讓大腦休息，間接達到進入心流狀態的效果，從而實現高效學習。

4.3 記憶卡片：充分利用好碎片時間

對不同的學習組塊進行學習時，我們可以利用整塊時間來學習，也可以把知識組塊打散成更小的單位，利用碎片時間來學習。

人的記憶分成短時記憶和長時記憶。根據德國心理學家赫爾曼・艾賓浩斯（Hermann Ebbinghaus）的遺忘曲線，短時記憶轉化成長時記憶需要不斷地重複。記憶就是與遺忘對抗，所以需要多次、有間隔地複習。

遺忘曲線告訴我們，遺忘呈現出先快後慢的規律，隨著時間流逝，記憶保留的大致比例如下：

20分鐘後，記憶保留58.2%。

1小時後，記憶保留44.2%。

1天後，記憶保留33.7%。

2天後，記憶保留27.8%。

6天後，記憶保留25.4%。

1個月後，記憶保留21.1%。

千萬別以為自己是天才，可以對抗遺忘曲線的規律。歷史和經驗告訴我們，每當有人這麼認為時，都會付出慘痛的代價。

知道這個規律後，想要對抗遺忘，就要運用這個規律去刻意複習，找到有助於記憶的複習時間點。常見的複習時間

點有8個：5分鐘後、30分鐘後、12小時後、1天後、2天後、4天後、7天後、15天後。

　　從中我們可以發現，放學後要寫作業是非常科學的做法，其目的正是加深記憶。所以不要討厭作業，要重視作業，善待作業，做作業就是為了對抗遺忘。

　　學校設置的階段性考試（如週考、月考）也很正確，只有這樣，才能讓短時記憶成為長時記憶。

　　很多人認為記憶的效果與重複的次數有關，當人們想記住某個知識時，重複的頻率越高，記憶的效果越好。實際上，根據艾賓浩斯的實驗結果，記憶效果不完全與重複的次數相關，還與每次重複持續的時間有關。

　　所以，有效的學習記憶，不僅要重複，還要保證每次重複持續的時間。如果能利用整塊的時間來複習當然是最好，但整塊的時間有時比較難獲得。對課業學習來說，每天上課、做作業已經占據了很多時間。一天下來，除了睡覺，很難有整塊的時間。

　　而且每次複習時尋找需要複習的知識也很花時間。例如，某學生複習的流程是拿出課本，找到對應的位置，這大概已經過去了3分鐘；複習一遍大約需要3分鐘；將課本整理好收起來又需要1分鐘。整個過程中的大部分時間其實是浪費掉了。

　　怎麼辦呢？

　　這時候可以使用記憶卡片，將待複習的知識寫在一張卡片上。記憶卡片可以把需要複習的關鍵知識集中起來，且便於攜帶，可以放到口袋裡，隨時隨地利用碎片時間來快速複習。

　　如何用好記憶卡片呢？

　　（1）按時間標記記憶卡片。在記憶卡片左上角標記需要複習的時間。根據遺忘曲線，設定複習時間點為1天後、2天後、4天後、7天後、15天後。例如今天是1月4日，複習時間就應該是1月5日、1月6日、1月8日、1月11日、1月19日。

　　（2）在卡片的正面和反面寫上需要複習的知識。例如，複習英文單字時，正面寫英文單字，背面寫中文意思、音標和例句；複習數學公式時，正面寫公式，背面寫公式說明；複習歷史事件時，正面寫事件名，背面寫事件發生的時間、地點、意義。

　　什麼時間用記憶卡片呢？

　　記憶卡片適合在碎片時間使用，如在等車時、坐車時、做早操時、吃飯前、睡覺前、醒來後，都可以將記憶卡片拿出來看。

　　複習完的記憶卡片不要隨意丟棄。將記憶卡片收起來，後續還可以繼續利用。我們可以打亂順序，隨機複習，也可以用修正液遮掉關鍵部分，把記憶卡片變成填空測試卡片，

定期練習。

4.4　心智圖：學會利用大腦的使用說明書

如何條理清晰地拆分知識呢？

心智圖是非常有效的工具之一。心智圖的創始人是英國頭腦基金會總裁，世界著名心理學家、教育學家東尼·博贊（Tony Buzan）。他是大腦潛能和學習方法的研究專家，是世界記憶錦標賽和世界快速閱讀錦標賽的創辦人，被稱為「世界記憶之父」。

心智圖又被稱為大腦的使用說明書，是被應用於記憶、學習、思考等需要高效思維的「地圖」，有利於發散思維。很多人把心智圖用在工作、生活和學習中。

心智圖把看似分散的知識點連成線、結成網，使知識系統化、規律化、結構化。心智圖是極佳的學習工具，它可以幫助我們梳理各類知識點，找出知識點的相關關係，建立知識體系，實現提綱挈領式的複習。

本書的心智圖如圖4-2所示。

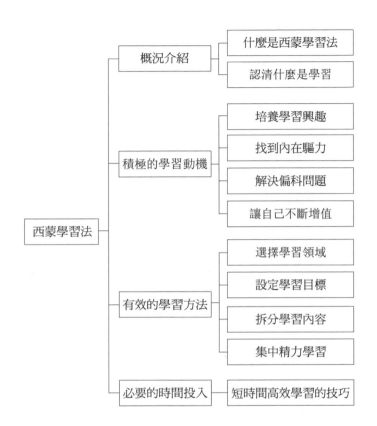

圖4-2 本書的心智圖

如何繪製心智圖呢？

1.繪製中心圖

在紙張中央繪製與主題相關的圖像或知識點，大約占紙張面積的1/9～1/6。

2. 設計結構

確定有哪些類別的內容需要在圖中呈現，根據大類確定一級分支，一級分支的數量儘量控制在7個以內。

3. 繪製線條

用連續不間斷的曲線，從中心圖出發，由粗到細地連接各分支，清晰展現分支內容的層次關係。

4. 提取關鍵字

對分支內容進行總結，將其變成一個完整的詞語，再將關鍵字寫在曲線上。

5. 繪製小圖示

在關鍵字旁邊添加小圖示，利用圖示幫助大腦儲存記憶。

繪製心智圖就像撿葡萄，一粒一粒撿，一隻手同時抓十幾粒就很費勁了，但如果能一下子拎起一串葡萄，用兩根手指就能拿起幾十粒。

很多人在應用心智圖時存在以下六大誤區：

1. 只看不畫

心智圖的核心是整理思想，用圖的形式直觀地表現。

如果只是看心智圖，作用非常小，尤其很多書中的心智圖其實只是一個圖形化的目錄。看這類心智圖，最多只能記住一兩個關鍵點。

真正有用的，是自己畫心智圖，一到自己輸出的環節，

究竟會不會，一下子就檢驗出來了。在畫圖的過程中，我們還可以查漏補缺。

2.過於追求漂亮

不少書配的心智圖都很漂亮，有的還五顏六色的。在很多教畫心智圖的課程上，為了課程效果，展示出的心智圖都是花花綠綠的，看著很漂亮。有些孩子的美術底子不好，看到別人畫得這麼漂亮，自己就退縮了，沒自信了。

其實美術不好也可以畫心智圖。過於追求把心智圖畫得漂亮，就背離了心智圖的本質。漂不漂亮只是形式，千萬不要只看表面。

自己繪製時，不需要考慮自己寫的字難看不難看，不需要考慮畫圖的紙張高級不高級，不需要考慮曲線弧度是不是太大。

心智圖是給誰看的？是給自己看的，不是別人看的。更確切地說，心智圖不僅是給自己看的，更是給自己用的。

心智圖的關鍵不是比較，而是釐清邏輯關係，讓大腦快速記憶知識。

3.抄襲別人

有些人偷懶，或者覺得別人的心智圖更漂亮，就直接照搬過來，這是不對的。

不要照搬別人的心智圖，一定要自己畫，慢一點兒沒關係，知識點不全沒關係，不漂亮也沒關係，重點是要「自己

畫」！

畫心智圖的過程是促進我們大腦思考的過程，在思考過程中加深記憶。我們抄別人的圖，相當於放棄了珍貴的思考過程。

我們如果很欣賞別人畫的心智圖，可以先嘗試自己畫一張，然後跟別人的心智圖比較，看看哪裡有差別，為什麼會存在這些差別？

這個思考過程也是學習的過程，等我們弄清楚了，也就把知識吸收了。當然這裡再次強調，畫得漂不漂亮在比較的過程中並不重要，重要的是內容。

4.必須用軟體

可以用來畫心智圖的軟體有很多，有的軟體畫出來的心智圖確實美觀，很多人會糾結該用哪個軟體來畫心智圖。甚至有人覺得自己沒有軟體，就沒辦法畫心智圖。

這也是本末倒置，和前面過於追求漂亮的道理一樣，這也是在追求形式。其實隨便找張紙就可以畫心智圖。動手去畫出來，記憶更深刻。

而且有些人不習慣用電腦，他們可能用電腦軟體畫了心智圖後，就把它扔到一邊了。

5.只是複製目錄

這是偷懶，如果只是把課程大綱目錄中的關鍵字堆到心智圖上，和自己掌握的知識體系是不會匹配的。

目錄是作者的心智圖，是滿足知識呈現的需要。不同的讀者有不同的收穫，可以基於學習產生自己的心智圖。

每個心智圖都應該是獨家訂製的，是適合自己的。僅僅為了畫圖而畫圖，是自己騙自己，是浪費時間，還不如不做。

6. 太過複雜

有的人面對新知識，覺得哪裡都是重點，想把知識全部放進自己的心智圖中。這很正常，但筆者並不推薦這樣做。

我們在畫心智圖的時候，應該在整理知識前決定自己的學習目標，只整理對自己有價值的內容。

4.5 結構思維：用金字塔原理拆分知識

世界上頂級的頭腦是如何解決問題的？這類方法能不能用在學習上呢？

麥肯錫顧問公司（McKinsey & Company）用來解決問題的金字塔原理（The Minto Pyramid Principle）就可以運用在學習的拆分環節。麥肯錫的第1位女諮詢顧問芭芭拉‧明托（Barbara Minto）曾經將金字塔原理的具體用法介紹給大眾。

金字塔原理可以應用在寫作、演講等不同領域。它強調的是訊息的結構，基本應用框架是：先有某個結論或中心論

點，再從這個結論或中心論點延伸出論據（通常是3～7個），接著從論據再延伸出更多的論據（通常每個論據再延伸出3～7個論據）。

學習過程中，可以運用金字塔原理拆分事物的MECE原則。所謂MECE原則，指的是相互獨立（Mutually Exclusive）、全無遺漏（Collectively Exhaustive）。

相互獨立指的是拆分的事物間要具有獨立性，甚至可能是相互排斥的，不能出現範圍有交叉或重疊的情況。

全無遺漏指的是拆分的事物間要具備完整性，要全面、徹底，做到不漏掉任何事物。

運用MECE原則拆分知識可以分成以下3步：

1. 確定範圍

要確定拆分知識的範圍，知識的邊界在哪裡。

在確定範圍時，要注意學習的背景、目的和期望達到的學習目標，不然可能會將很多與達到學習目標無關的知識也框到範圍內。不能簡單地從字面意思來劃定知識的範圍，不同的背景、目的或目標所對應的知識是不同的。

例如要學會彈奏鋼琴曲《給愛麗絲》，如果不考慮情境，只從字面意思來劃分知識的邊界，則需要學習的知識應包括識別五線譜、識別琴鍵含義等。而根據劉謙的訴求，這些知識的學習顯然應該省略。

2. 找切入點

要決定按照什麼邏輯來拆分知識，切入點在哪裡。

拆分知識的邏輯不同，得到的結果也會有所不同。拆分的切入點有很多種，常見的有以下4種：

（1）二分法

二分法是指將事物分成兩類，一類包含是什麼，一類包含不是什麼。例如，已婚和未婚、國內和國外、專職和兼職等。

（2）象限法

象限法是用兩條線構成坐標軸，將事物分成「是A是B」、「非A是B」、「是A非B」、「非A非B」四種。例如，艾森豪法則中的既緊急又重要、緊急不重要、重要不緊急和既不緊急又不重要。還可以用4條線構成更複雜一些的9個象限，本書第2章提到的九宮格工具就是這種情況。

（3）進程法

進程法是按照事物發展的順序進行分類，這裡的發展順序通常包括時間順序或流程順序。例如，某產品研發需時3年，每一年裡分別取得了怎樣的進展。

（4）組成法

組成法是指某事物由某些因素組成，這些因素又分別由其他因素組成。例如，一輛電動車由哪些零件組成，這些零件又是如何生產的。

3.檢查回顧

經過前兩步後，我們要對知識的拆分結果做檢查回顧。檢查目前的拆分結果是否嚴格遵守MECE原則，檢查是否存在遺漏或相互包含的情況，判斷是否可以繼續細分。

例如，某企業要實施績效管理，張三需要選擇適合公司的績效管理工具。但張三之前並沒有接觸過績效管理工具的相關知識，需要深入學習掌握後，才能在公司內部運用。

張三運用金字塔原理，將績效管理工具的相關知識進行拆分，如圖4-3所示。

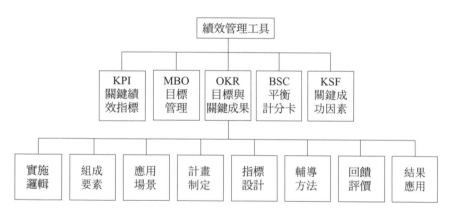

圖4-3　運用金字塔原理學習績效管理工具

要學習績效管理工具，首先要對績效管理工具進行分類。目前有哪些主流的績效管理工具呢？

根據盤點，目前主流的績效管理工具有5項，分別是關

鍵績效指標（Key Performance Indicator, KPI）、目標管理
（Management by Objectives, MBO）、目標與關鍵成果
（Objectives and Key Results, OKR）、平衡計分卡（Balanced
Score Card, BSC）、關鍵成功因素（Key Success Factor, KSF）。

　　要從哪些角度來學習這些績效管理工具呢？

　　每個績效管理工具有不同的實施邏輯、組成要素、應用
場景，在計畫制定、指標設計、輔導方法、回饋評價和結果
應用上也有所不同。從不同角度學習和研究這些績效管理工
具，有助於更快掌握不同績效管理工具的本質，更快學到這
些績效管理工具的用法。

　　開始學習之前，可以運用金字塔原理，遵循著MECE原
則，對知識進行拆分。

4.6　冪次法則：抓住關鍵點事半功倍

　　對於語言環境不是粵語環境的人來說，如果將學習目標
設定為完整地唱一首粵語歌，要如何做呢？傳統的做法是先
學粵語的語法，學會粵語的發音，能夠用粵語流利對話，從
而學會唱粵語歌。完整做完這個過程，至少需要一年時間。

　　為了學唱一首粵語歌，要先花一年時間去學說粵語，這
顯然會令人卻步。但其實有一種更簡單的方法能夠快速學唱

一首粵語歌：用普通話的諧音來標注粵語歌的發音。

　　這雖然不是一種常規的學習方法，卻是可以迅速達到學習目標、享受學習成果的簡便方法。其原理類似於劉謙和邢國芹出於興趣學習彈鋼琴，不需要先學樂理，可以直接學彈奏。

　　如果學習目標是成為這個領域的專家，當然應該有系統地學習，但如果學習目標只是達到某種狀態，則沒有必要系統性地學習。

　　這時候，劃分出重要的和非重要的內容，找到關鍵點進行突破，就可以實現快速學習，從而達到學習目標。

　　經濟學家維爾弗雷多・帕累托（Vilfredo Pareto）提出過冪次法則（Power Law），也叫做80/20法則，其含義是20%的重點工作創造出80%的主要價值，而80%的非重點工作只能創造剩餘的20%價值。

　　對於不會說粵語的人來說，學唱一首粵語歌，要有系統地學會說粵語就是不重要的80%，它需要付出大量時間和精力，但對實現目標的貢獻很小；用已知語言的諧音快速掌握粵語歌中每個字的發音，才是重要的20%。

　　冪次法則不僅在學習領域有效，也可以用在日常的工作決策。

　　想像有一家連鎖零售公司，它一共有200家分店，對應著200位店長。根據分店的業績情況和這200位店長的能力

情況，這家公司對店長們進行了排序。排名越靠前代表能力越強，排名越靠後代表能力越差。

假如這家公司的培訓資源有限，只能對這200位店長中的100位進行培訓，那麼應該培訓排名前100位的店長，還是後100位的店長呢？

很多人會認為應該培訓排名在後100位的店長，理由是這些店長相對來說表現更差，培訓不就是為了讓差的變好嗎？排名在前100位的店長已經表現得比較好了，看起來好像不需要補充更多的知識或技能，似乎對排名在後100位的店長進行培訓，效果會比較好。

但實際上，根據冪次法則，應該優先培訓排名在前100位的店長。為什麼呢？因為重要的20%的人創造了80%的價值，在200位店長中，大約排名在前40位的店長創造了公司80%的價值。因此，排名在前100位的店長創造的價值會大於80%，排名在後100位的店長創造的價值會小於20%。

這裡為了簡化邏輯，直接將排名前100位的店長創造的價值訂為80%，排名後100位的店長所創造的價值為20%。假如培訓能整體提升10%的效能，排名在前100位的店長提升10%的效能後，可以將創造的價值提升8%，而排名在後100位的店長提升10%的效能後，只能將創造的價值提升2%。從投入產出最大化的角度來看，當然應該優先培訓排名在前100位的店長。

　　這個案例可不是什麼紙上談兵，這是在一家真實的零售公司中發生過的，而且這家公司發展快速，如今已是A股上市的大型零售公司。筆者曾經在這家公司擔任人力資源總監，這個決策邏輯就是當時筆者和這家公司的總經理一起研討確定的。

　　筆者是在這家公司規模不大、沒有上市時入職的。筆者入職時，這家公司剛有200多家分店，後來發展到接近1000家分店，從一家名不見經傳的公司，成長為一家全國排名前10的跨地域零售公司。

　　這家公司發展初期資源有限，採取的就是這種培訓學習策略。先讓排名在前100位的店長參加高費用、高品質的培訓，再讓排名在前100位的店長分享學習心得，並一對一影響和輔導排名在後100位的店長。

　　訂好學習目標後，不要一上來就投入學習，學習前先運用冪次法則找到重要的20%，優先學習這20%。這樣做不僅能大幅提升學習效率，而且能讓自己快速獲得學習成果，增強信心。

4.7　資源獲取：如何有效獲取學習資源

　　有了待學習的組塊後，到哪裡去找學習資源呢？

大部分人找學習資源，第1個選擇是上網搜尋。這種方法看起來很快，卻很容易讓人陷入困境，因為網路是個「無底洞」，資訊特別多，這裡翻翻，那裡看看，一不小心，可能幾天都找不到。

第2個選擇是買書。書雖然好，但也有問題，因為泛讀很難讓人在短時間內真正學會，一般人要把一本書裡面的內容全部消化至少需要一週的時間。當然，這裡的前提是選對了書。市場上同一主題的書龍蛇混雜，挑書時要擦亮雙眼。

在這個資訊爆炸的時代，資訊早已經多到讓人無法負荷，所以有效地擴充學習資源最需要做的絕不是增加資訊，而是篩選和刪除資訊。

常見的可以獲取學習資源的途徑有以下四種。

1.人

要獲取學習資源，可以先找到比較有經驗、了解方法的人，問這些人應該怎麼做。這些人包括上司、同事、同行、同學、老師等。

2.事

除了人之外，可以找到做得比較成功的案例，也就是找到最佳實務案例，研究、歸納和學習最佳實務案例。

3.網

透過關鍵字搜尋，可以在網上檢索到很多相關資訊。網上還有很多問答類的網站可以提供有針對性的內容。

4. 書

大多數領域都有相關的書籍。相對來說，書籍的知識最有系統，內容也相對全面。我們透過閱讀相關書籍，可以比較有系統地學習該領域的知識。

這四種獲取學習資源的途徑沒有絕對的好壞之分，各有優缺點，如表4-1所示。

表4-1　四種獲取學習資源的途徑的優缺點

途徑	優點	缺點
人	有助於解決具體問題，快速、精準地得到答案，可以就知識展開研討	受限於人的知識和經驗，可能帶有一定的主觀性
事	優秀經驗和成功案例可以給人很多啟發，有助於歸納出方法論	個體不能代表整體，一次成功並不表示每次都能成功
網	能快速檢索，知識量大，能快速、精準地找到大量相關資訊	知識沒有系統且龍蛇混雜，真假難辨，難以鑑別知識的有效性
書	知識比較有系統，能使人就某一問題建立比較全面的認知	需要學習理解後舉一反三，不一定能快速、精確地解決問題

每種獲取學習資源的途徑都有缺點，所以在尋找學習資源時，最好不限於單一的資源。

　　如果是基於某個具體問題展開的學習，可以參考如下步驟：

　　第 1 步，從尋找有經驗的人開始，根據問題，找有經驗的人詢問。

　　第 2 步，尋找身邊的成功案例，研究案例，萃取方法論。

　　第 3 步，到網路上找答案，看有沒有相關的知識能夠帶來啟發。

　　第 4 步，有系統地看書，了解知識的全貌。

　　如果是一開始就希望有系統地學習，可以參考如下步驟：

　　第 1 步，找到這個領域所有的經典書籍，認真閱讀。

　　第 2 步，到網路上找相關知識，做延伸學習。

　　第 3 步，找實際應用知識的案例，驗證知識的有效性。

　　第 4 步，找到在這個領域有研究經驗的人，跟他們討論或請教。

　　總之，獲取學習資源的途徑並不是只有書，還可以有人、事、網。交叉利用這四種途徑，有助於我們更全面地學習。

4.8　象限盤點：艾森豪法則

　　待學習的知識很多，但時間有限，如何決定先學什麼，再學什麼呢？

很多人說：「不是我想拖延，我也知道某件事很重要，可是我很忙，手邊一直有事，忙著忙著，就沒時間做那件重要的事情了。」

筆者有個高中同學，成績中等偏下，但學習態度很認真，每次都特別認真地整理筆記、抄寫答錯的題目、裝訂試卷，她一切都做得井然有序。

筆者有時候看她花很長的時間整理試卷，用不同顏色的筆標注，便提醒她那些都是形式，關鍵是要去學習和理解試題。她總是說，那些等我整理完再說。

結果是，她的成績一直沒有進步，還時常感歎時間不夠用。其實大家的時間都是一樣的，問題出在她不懂得如何使用時間，讓一些容易完成的小事占據了自己大部分時間。

她的這種行為狀態，實際上是在追求即時的滿足感。整理、抄錯題、用不同顏色的筆標注，這些簡單的小事能快速給自己帶來成就感，讓自己覺得「我好像做成了某件事」。但和真正的學習比起來，這些事顯然都不重要。

這種同學看似是被很多不重要的事占據了大量的時間，但本質上也是一種拖延，是對重要事項的拖延，正如俗話說的「撿了芝麻，丟了西瓜」。

要解決這類問題，我們可以運用艾森豪法則。

艾森豪管理時間時，根據重要程度和緊急程度將事情分成4種，分別是既緊急又重要的事、重要不緊急的事、緊急

不重要的事和既不重要又不緊急的事，如圖4-4所示。

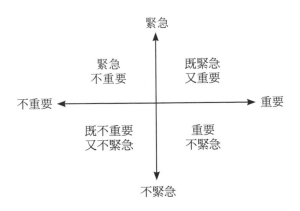

圖4-4 艾森豪法則

為什麼不同人的學習效果不同呢？

因為學習的效率不同。學習效率高的人，運用有限的時間做了對學習更有幫助的事；而學習效率低的人，可能做了很多對學習幫助甚小的事。

每個人的時間是有限的，當一個人總是做那些緊急不重要或既不重要又不緊急的事情時，時間很容易被填滿。讓自己「看起來很忙」一點都不難，但要忙得有價值、有意義並不容易。

其實很多人知道學習是最重要的，但有時候總是被「小明給我發了一個訊息，我要怎麼回覆他呢」、「我家貓是不是

該換貓砂了」、「明天該穿哪雙鞋呢」等小事占用了時間。

　　當然，在學習這件事上，也有主次之分。分清楚待學習知識的主次關係，也能顯著提高學習效率。例如，弄懂一道題的解題原理和相關知識點，遠比把這道題抄進錯題本裡面更重要。

　　將知識劃分成組塊後，在正式開始學習前，要對不同的組塊劃定優先順序。那些與當前最需要解決、最重要的問題相關的知識應該優先學習。

　　學習的時間總是有限的，在這有限的寶貴時間裡，我們要多做重要的事，避免被不重要的事占用時間。

4.9　突破瓶頸：區分真學習和假學習

　　很多學生會疑惑，自己每天回家也有認真寫作業、背課文、做題目，也花了不少時間，為什麼成績還是不好呢？

　　答案很可能是，這些學生每天在做的並不是學習，而是在重複驗證那些已經知道的，或是與自己已經知道的相關的那些知識。

　　西蒙認為，學習的內容不能太簡單，否則人們會認為自己已經學會了這些知識，容易注意力不集中；學習內容也不能太難，否則人們會望而卻步，不容易理解並學會，也會讓

人疲勞。

　　真正的學習，要不斷突破自己現有的能力圈。這就需要人們跨越舒適區，進入成長區。心理學家把人們應對各種情況的心理狀態分為 3 個層次：最裡面的第 1 層叫舒適區（Comfort Zone），向外擴展的第 2 層叫成長區（Growth Zone），再向外擴展的第 3 層叫恐懼區（Panic Zone），如圖 4-5所示。

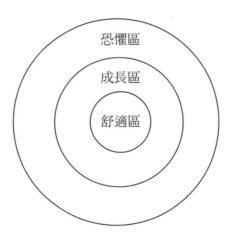

圖4-5　舒適區、成長區和恐懼區

　　每個人都有自己的舒適區，在這個區域裡人們會感覺很舒服，一旦離開了這個區域就會感到不舒服。成長區就是剛踏出舒適區一些，但可以透過學習來適應的區域。

　　所有的學習都必須在成長區內完成。如果把自己逼得太

緊，則有可能進入恐懼區。在恐懼區裡，人們會因為把所有精力都用於應付自己的焦慮和恐懼，所以沒有多餘的精力去學習。

1908年，心理學家羅伯特・耶克斯（Robert Yerkes）和約翰・多德森（John Dodson）提出，人們在相對舒適的心理狀態下的表現是穩定的，然而這時候人無法達到最佳表現，需要增加一點焦慮，也就是增加比正常狀態略微多一些的壓力來使人們達到最佳表現。

增加的這一點點焦慮被稱為最適焦慮（Optimal Anxiety），實際上就是指把人們從舒適區推到成長區，但還不到恐懼區的適當推力。

西蒙學習時，就不斷運用這套邏輯，走出自己的舒適區，獲得真正的學習成長。

西蒙很喜歡學習外語。他在高中時期就學了2年德文，後來又學了4年拉丁文。大學時他開始學法文，之後西蒙就一直在學習其他語言。利用自學，他後來可以翻閱20種語言的文獻和專業書籍，能閱讀12種語言的文學作品。

西蒙認為，很多人學不好外語是因為怕沒面子，不願意再做回一個不懂語言的小孩，不願意在別人面前表現出自己的語言水準較低。實際上，哪怕是人們都認為很難學的匈牙利文、土耳其文或中文，只要不怕沒面子，大膽地去學，都是可能學會的。

已經學會的外語和「要面子」，就是西蒙的舒適區。不斷學習新的外語和「不要面子」，就是西蒙的成長區。

人有一個習慣，總喜歡在舒適、熟悉的環境中待著，這種環境一旦被建構，人們就會對它無比依賴。

熟悉的地方，沒有風景。

蘋果公司前副總裁海蒂・羅伊森（Heidi Roizen）說：「如果你做的事情毫不費力，就是在浪費時間。」

如果人們在學習時覺得很舒適，沒有情緒上的波瀾，就代表自己還待在舒適區中，這時候學到的通常是自己以前已經知道的。有效的學習都是帶有一定情緒的，喜歡接受新事物的人通常表現出正面的情緒，不喜歡接受新事物的人一般表現出負面的情緒。

舒服是換不來經驗的，經驗大多數情況下來自不舒服。

筆者在學習過程中發現，如果大部分時間自己都在拍著大腿說對方說的真對，這種情況多半是學不到東西的。因為這其實只是鞏固了自己當前的認知，沒有得到新的認知，認知邊界沒有被擴展。

如果發現對方說的好像有問題，尤其是發現對方有個結論無法認同時，筆者會開始研究對方為什麼會得出這個結論，為什麼這麼想，嘗試站在對方的思維角度去思考問題，這個過程反而能讓自己學到很多東西。

有了這個認知後，筆者發現自己以前很多的「醍醐灌

頂」其實是「假醍醐灌頂」，是由多巴胺分泌帶來的「爽感」，是接受了一些娛樂化的內容。這些內容是被包裝出來的「垃圾食品」，雖然好吃，但沒營養。

　　絕大多數人不會喜歡學習的過程，人們喜歡的是學習為自己帶來的結果，或者更確切地說，是學習為自己帶來的好處。

　　能有效增長知識、獲取經驗、擴展邊界的學習，過程通常是伴隨一些「不爽」的，但學習之後的結果會是「爽」的。那些讓人很「爽」的學習過程，得到的學習成果反而很可能是「不爽」的。

〔專欄〕
如何把一個宏大的領域拆分成更易學的小組塊

組塊學習原理可以用在任何學科的學習中，大到學習人工智慧，小到學習如何開車，都可以將有待學習的知識拆分成多個組塊。根據每個學科領域的大小，以及對組塊劃分的精細程度，將知識劃分成不同的組塊。

以人力資源管理實戰知識的學習為例。一位人力資源從業者想要系統性地學習人力資源管理知識，該如何劃分學習組塊呢？

直接將人力資源管理師考試的知識體系當作人力資源管理實戰知識的學習組塊可以嗎？

答案是不可以。人力資源管理師考試所涉及的理論知識的學習邏輯和組塊劃分，與實戰領域的學習是不同的。

在人力資源管理師考試所涉及的理論知識學習領域，人力資源管理知識被分成六大模組，而且每個模組的理論化程度較高，並不能用來當作實戰工作的指南。人力資源管理實戰知識的組塊劃分，是以解決實際問題和滿足實際工作需求為導向的。

如何劃分人資管理實戰知識的學習組塊呢？主要有以下4種途徑。

1.實戰工作

學習人資管理實戰知識的最終目的是為實戰工作服務，根據實際工作的需求拆分知識組塊才是對症下藥。實戰中，企業的需求、上司的要求、業務部門的訴求及人資部門的功能職責定位需求，都是劃分學習組塊的重要依據。

2.實戰類書籍

人資管理實戰知識的學習組塊的劃分，還可以參考人資管理實戰類書籍。好的人資管理實戰書籍並不是通篇寫「是什麼」，而是介紹「是什麼」之後，再介紹「為什麼」，並重點介紹「怎麼做」。

這一點，商管暢銷書作家任康磊老師的系列書籍就做得非常好。任康磊老師的人資管理實戰書籍不僅實戰知識有系統、完善，而且案例豐富，能很好地指導實戰工作，滿足實際工作和學習的需要。

3.實戰類課程

一些人資管理實戰類課程，也可以當作參考依據。任康磊老師在喜馬拉雅平台上有一套共211節的人力資源管理實戰音訊課程，課程目錄本身就可以當成人資管理實戰知識學習組塊劃分的依據。

4.個人經驗

實戰類知識與個人經驗的關聯性較大，「過來人」的建議有助於快速學習實戰知識和技能。經驗豐富的專家、頗有

心得的前輩、工作多年的同事對實戰類知識的總結提煉，通常能給出有益的建議。當然，個人的工作經驗也可以派上用場。

經過對前面4種途徑的了解和總結，我們可以將人力資源管理實戰知識劃分成27個模組，共520個組塊，如表4-2所示。

表4-2 人力資源管理實戰知識劃分

模組	序號	組塊
實戰基礎	1	實戰中的人力資源管理模組
	2	人力資源工作創造價值的金字塔模型
	3	實戰人力資源發展演化的4個階段
	4	靈活用工：如何用好非全日制員工
	5	靈活用工：如何用好勞務派遣
	6	靈活用工：如何用好勞務外包
	7	靈活用工：如何用好學生實習
	8	靈活用工：如何用好勞務用工
	9	靈活用工：如何用好委託代理
	10	靈活用工：如何用好承包經營
	11	靈活用工：如何用好平台用工
	12	如何應用集體合約
	13	如何選擇和應用不同的工時制度
	14	實習、試用、見習期分別如何運用

模組	序號	組塊
崗位管理	15	如何劃分崗位的權、責、利
	16	用勞動效率法測算崗位定編
	17	用預算控制法測算崗位定編
	18	用業務流程法測算崗位定編
	19	用行業對標法測算崗位定編
	20	崗位族群、序列、角色設計
	21	規範的崗位說明書編制方法
	22	觀察分析法實施崗位分析
	23	崗位訪談法實施崗位分析
	24	工作實踐法實施崗位分析
	25	問卷調查法實施崗位分析
	26	崗位排序法實施崗位價值評估
	27	崗位分類法實施崗位價值評估
	28	因素比較法實施崗位價值評估
	29	要素記點法實施崗位價值評估
	30	代崗員工如果出錯，如何問責
能力管理	31	崗位勝任力模型的維度劃分
	32	崗位勝任力模型的組成要素
	33	總結歸納法建構崗位勝任力模型
	34	策略推導法建構崗位勝任力模型
	35	引用修訂法建構崗位勝任力模型
	36	建構崗位勝任力模型的典型案例

模組	序號	組塊
	37	勝任力模型在人才招聘選拔中的應用
	38	勝任力模型在人才培養評價中的應用
人力規劃	39	企業策略與人力資源策略
	40	人力資源規劃實施方法
	41	制訂人力資源計畫的5個關鍵
	42	人力資源規劃貼近價值的4個維度
	43	人力資源管理的3條價值鏈
	44	人力資源部的組織架構設計
人才招募	45	招聘成功的公式
	46	招聘管理體系設計
	47	招聘管理制度編制方法
	48	招聘計畫編制方法
	49	有效實施人才招聘的4個步驟
	50	人才畫像的描繪和測試方法
	51	招聘管道的七大類別與應用
	52	網路招聘管道的應用方法
	53	實施校企合作的5個步驟
	54	實施校園宣講會的5個步驟
	55	實施校園雙選會的5個步驟
	56	社會招聘管道的應用方法
	57	內部招聘管道的應用方法
	58	傳媒招聘管道的應用方法

模組	序號	組塊
	59	外部合作招聘管道的3種應用
	60	選擇外部招聘合作機構的3個注意事項
	61	與獵人頭公司合作的5個要點
	62	政府協會招聘管道的應用方法
	63	招聘費用預算控制方法
	64	招聘人員必須具備的六大能力
人才吸引	65	有競爭力的雇主品牌建立方法
	66	企業崗位吸引力低，怎麼辦
	67	編寫招聘JD（職位描述）的7個關鍵要素
	68	編寫招聘JD的三大常見問題
	69	編寫招聘JD的3個版本
	70	編寫招聘JD的5種文字風格
	71	招聘管道流量＞招聘廣告創意
	72	提高面試赴約率的2個關鍵思維
	73	候選人不赴約的4種常見情況及應對
	74	面試邀約前的5項準備
	75	面試邀約的步驟與話術
	76	面試邀約的4個操作細節
	77	面試邀約的4個注意事項與改進分析
	78	高端崗位提高面試赴約率的5個關鍵
	79	面試過程實施人才吸引的3個關鍵
	80	崗位實現差異化吸引力的3個方向

模組	序號	組塊
人才測評	81	實施人才測評的五大作用
	82	應用人才測評的4個誤區
	83	人才測評的主要工具和方法
	84	實施人才測評的3個注意事項
	85	推行人才測評的3個步驟
	86	用心理問卷調查實施人格心理測評
	87	用情景模擬測評實施人格心理測評
	88	用投射測評技術實施人格心理測評
	89	DISC職業性格測試
	90	PDP職業性格測試
	91	霍蘭德（Holland）人格與職業興趣測試
	92	MBTI職業性格測試
	93	大五人格測試
	94	卡特爾16PF人格測試
	95	九型人格測試
	96	LASI領導風格測試
	97	舒伯職業價值觀測試
	98	應用人格測評結果的5個注意事項
人才選拔	99	快速獲得簡歷的5種方法
	100	快速篩選簡歷的2個技巧
	101	簡歷中個人資訊分析的3個維度
	102	簡歷中工作經歷分析的3個維度

模組	序號	組塊
	103	分析簡歷中的三大主觀資訊
	104	辨別簡歷內容真假的3個重點
	105	篩選簡歷的3個常見問題
	106	外部人才庫的建設與維護
	107	電話面試的實施方法
	108	結構化面試的實施方法
	109	導入類問題在面試中的應用
	110	動機類問題在面試中的應用
	111	行為類問題在面試中的應用
	112	應變類問題在面試中的應用
	113	壓力類問題在面試中的應用
	114	情境類問題在面試中的應用
	115	面試常見的5種誤差及應對方法
	116	如何提升用人部門的面試能力
	117	面試時判斷謊言的3種方法
	118	新手HR面試高端崗位的3種方法
	119	如何用面試獲取有價值的資訊
	120	背景調查的3個崗位類別
	121	背景調查的9類內容
	122	背景調查的4種方式
	123	背景調查的3個前期準備
	124	電話背景調查實施話術

模組	序號	組塊
	125	應對背景調查不配合的3個方法
	126	背景調查的3個注意事項
	127	薪酬談判的3個步驟
	128	薪酬談判實現雙贏的3個技巧
	129	薪酬談判有效實施的4個注意事項
	130	應屆生訂薪的方法
人才入職	131	編寫與發放Offer的方法與注意事項
	132	員工入職流程與注意事項
	133	勞動合約簽訂方法與注意事項
	134	3種常見的勞動合約附件的簽訂與注意事項
	135	員工試用期及轉正操作方法
	136	新員工培訓計畫的5個階段
	137	新員工培訓實施內容
	138	集中組織新員工培訓操作流程
	139	部門內部新員工培訓操作流程
	140	新員工培訓的4個常見問題
	141	保證新員工培訓有效的3個注意事項
	142	試用期後發現員工有不良紀錄如何處理
人才盤點	143	人才品質盤點＞人才數量盤點
	144	人才盤點的八大功能
	145	人才盤點的三大維度
	146	單維度人才盤點分析方法

模組	序號	組塊
	147	雙維度人才盤點分析方法
	148	三維度人才盤點分析方法
	149	案例：阿里巴巴的人才盤點
	150	人才梯隊建設與繼任者計畫
人才離職	151	常見的離職種類及操作原則
	152	主動離職的操作方法
	153	勞動合約到期的操作方法
	154	員工退休與退休返聘的操作方法
	155	辭退與經濟性裁員的操作方法
	156	員工離職面談的3個關鍵
	157	勸退不合格員工的操作方法
	158	員工非正常離職的操作方法
	159	降低員工離職率的4個方法
	160	預防長假後離職潮的4個技巧
	161	離職原因分析的正確做法
	162	留不住人才的三大底層原因
	163	提高員工滿意度不會降低離職率
	164	系統實施人才保留的方法
	165	提前得知員工去留動態的3個關鍵
	166	缺乏物質激勵留住人才的3個方法
	167	如何用好離職後的人力資源
	168	人才保留成功的評價標準

模組	序號	組塊
人才培養	169	企業培訓 ≠ 實施教育
	170	實施員工培訓的三大作用
	171	成年人學習的動機來源
	172	成年人學習的 4 個特點
	173	成年人學習的 4 個階段
	174	保障成年人學習的 7 個方法
	175	培訓管理的定位與分工
	176	用人部門不重視人才培養怎麼辦
	177	培訓管理發展的 4 個階段
	178	培訓管理體系建設的三大層面
	179	編制培訓管理制度的九大模組
	180	培訓管理資源層面的六大模組
	181	培訓管理運作層面的六大模組
	182	建立培訓管理體系的八大原則
	183	建立培訓管理體系的 6 個注意事項
	184	培訓工作如何支持公司策略
	185	外派員工培訓管理流程
	186	從工具層面提高培訓效能
	187	年度培訓計畫的 3 個類別
	188	基於人才培養的培訓計畫
	189	基於績效提升的培訓計畫
	190	基於體系建設的培訓計畫

模組	序號	組塊
	191	培訓需求分析的三大作用
	192	宏觀培訓需求的三大來源
	193	微觀培訓需求的計算公式
	194	臨時培訓需求的三大來源
	195	培訓需求分析的8種方法
	196	培訓需求量化與確認方法
	197	培訓需求匯總與計畫制訂
	198	高潛力人才的五大特質
	199	師徒制的實施流程
	200	師傅選拔與技能傳授方法
	201	如何保證師徒制有效落實
	202	師徒制運行檢查與評估方法
	203	培訓講師的兩大來源
	204	內部培訓講師選拔與激勵
	205	外部培訓講師選拔與管理
	206	培訓課程開發的七大種類
	207	培訓課程結構設計的4個模組
	208	培訓課程開發的4個步驟
	209	常見的4種培訓形式
	210	培訓資料庫開發與管理
	211	設計不同管理層培訓內容
	212	制定培訓目標的方法

模組	序號	組塊
	213	培訓目標分解的3個步驟
	214	培訓方案制定流程與檢驗方法
	215	實施培訓的步驟與注意事項
	216	培訓開始前評估的3個維度
	217	培訓進行中評估的3個維度
	218	培訓結束後評估的4個維度
	219	培訓評估工具的選擇
	220	培訓效果轉化的4個環節
	221	培訓結果追蹤的6種方法
	222	「互聯網＋」培訓管理模式
	223	如何實施非人的人管培訓
	224	培訓總結報告的寫法
職業規劃	225	員工職業發展過程中的4個主要角色
	226	職業發展管理的4個關鍵任務
	227	職業發展管理的生態系統
	228	員工職業通道建設與晉升流程
	229	員工職業發展的4個方向
	230	員工職業發展的4個週期
	231	員工職業生涯規劃方法
	232	員工個人發展計畫編制方法
	233	員工職業能力開發方法
	234	員工不適應崗位怎麼辦

模組	序號	組塊
	235	如何幫助員工實現工作生活平衡
	236	中小企業員工職業發展4個關鍵
考勤管理	237	考勤管理流程與關鍵職責
	238	考勤管理的三大工作程序
	239	考勤天數計算與打卡操作方法
	240	員工遲到、早退、曠職操作方法
	241	員工休假操作方法
	242	員工加班、補休操作方法
	243	員工外出、出差操作方法
	244	考勤管理的七大疑難問題
薪酬計算	245	計時工資計算方法
	246	個人計件工資計算方法
	247	團隊計件工資計算方法
	248	集體計件工資計算方法
	249	混合計件工資計算方法
	250	如何設計計件工資的單價
	251	事假工資計算方法
	252	病假工資計算方法
	253	產假工資計算方法
	254	工傷假工資計算方法
	255	婚喪探親假工資計算方法
	256	加班工資計算方法

模組	序號	組塊
	257	個人所得稅計算方法
	258	個人所得稅籌畫方法
	259	年終獎金計算方法
	260	薪酬支付的三大策略
薪酬管理	261	薪酬管理的價值定位
	262	薪酬管理的五大原則
	263	保障薪酬管理的四大角色
	264	薪酬管理人員需具備的六大能力
	265	如何根據企業策略制定薪酬策略
	266	企業4個發展階段的薪酬策略
	267	薪酬定位的四大策略
	268	薪酬結構的三大策略
	269	制定薪酬策略需考慮的四大要素
	270	薪酬比例法編制薪酬預算
	271	盈虧平衡法編制薪酬預算
	272	勞動分配法編制薪酬預算
	273	自下而上法編制薪酬預算
	274	薪酬預算控制的3個途徑
	275	薪酬結構組成要素
	276	基本工資設計方法
	277	短期物質激勵設計方法
	278	長期物質激勵設計方法

模組	序號	組塊
	279	崗位津貼的設計和應用
	280	非經濟性薪酬的應用
	281	薪酬調研的四大作用
	282	薪酬調研的4個階段
	283	外部薪酬調查的4項準備
	284	外部薪酬調查的7個維度
	285	外部薪酬調查管道：政府協會
	286	外部薪酬調查管道：專業機構
	287	外部薪酬調查管道：企業自身
	288	內部薪酬調查的7個維度
	289	內部薪酬調查的步驟與問卷設計
	290	內部薪酬調查結果分析的4個注意事項
	291	寬帶薪酬的實施原理
	292	設計寬帶薪酬的3個流程
	293	寬帶薪酬與職等職級
	294	寬帶薪酬實施修正的4個關鍵
	295	實施寬帶薪酬的5個注意事項
	296	年薪制的三大構成要素
	297	年薪制的5種常見模式
	298	年薪制的3個實施條件
	299	年薪制的6個應用特點
	300	如何編制薪酬管理制度

模組	序號	組塊
	301	薪酬方案的設計流程
	302	薪酬調整的9種類型
	303	年度調薪的8個步驟
	304	調薪時與員工溝通的方法
	305	員工降薪操作方法
	306	銷售分成設計方法
	307	高管薪酬設計方法
	308	老員工的工資高、貢獻低，怎麼辦
福利管理	309	福利的兩大種類
	310	保證福利激勵效果的三大原則
	311	保障福利發放環節的激勵性的方法
	312	福利在企業4個階段中的應用
	313	彈性福利的3種常見形式
	314	以舉辦活動為福利時的3個注意事項
	315	以彈性工作制為福利時的3個注意事項
	316	用積分制設計福利的方法
人才激勵	317	為什麼物質激勵有時不起作用
	318	如何激勵不同類型的人才
	319	如何處理團隊中的公平問題
	320	如何激發員工的動機
	321	如何綜合運用人才激勵工具
	322	如何有效實施獎罰

模組	序號	組塊
	323	保障人才激勵方案有效的3個關鍵
	324	股權激勵：股票期權
	325	股權激勵：限制性股票
	326	股權激勵：虛擬股權
	327	股權激勵發揮效果的3個前提
	328	阿里巴巴的合夥人制度
績效管理	329	績效的三大含義
	330	績效考核的4個維度
	331	績效管理發揮作用的3個方面
	332	為什麼績效考核不等於績效管理
	333	績效管理發揮作用的四大領域
	334	為什麼OKR並不比KPI先進
	335	績效管理的6個程序
	336	如何應用MBO（目標管理）
	337	如何應用KPI（關鍵績效指標）
	338	如何應用OKR（目標與關鍵成果）
	339	如何應用KSF（關鍵成功因素）
	340	如何應用BSC（平衡計分卡）
	341	績效管理制度編制方法
	342	績效專案推進的6個程序
	343	員工討厭績效管理時的應對方法
	344	績效意識推廣培訓的7個重點

模組	序號	組塊
	345	保障績效管理實施的8個角色
	346	績效指標的種類劃分
	347	如何設計不同類型崗位的績效指標
	348	以解決問題為導向設計績效指標
	349	透過價值結構分解設計績效指標
	350	透過策略地圖設計績效指標
	351	績效指標品質檢驗方法
	352	績效指標不是越量化越好
	353	績效指標分解設計程序
	354	績效目標設置方法
	355	績效指標權重設計方法
	356	績效管理週期設計方法
	357	績效計畫的三大種類
	358	制訂績效計畫的10個步驟
	359	個人績效承諾編制方法（PBC）
	360	績效計畫編制的8個常見問題
	361	績效輔導的3個角色和作用
	362	需要績效輔導的5種員工類型
	363	績效輔導方法：書面報告
	364	績效輔導方法：一對一面談
	365	績效輔導方法：會議溝通
	366	績效輔導檢查的3個重點

模組	序號	組塊
	367	績效輔導的5個技巧
	368	績效輔導的4種常見問題
	369	監控績效過程的操作方法
	370	績效資訊收集流程
	371	應對績效資訊收集困難的3個方法
	372	人才評價民主投票和領導內定哪個好
	373	績效評價方法：關鍵事件法
	374	績效評價方法：行為錨定法
	375	績效評價方法：行為觀察法
	376	績效評價方法：加權選擇法
	377	績效評價方法：強制排序法
	378	績效評價方法：強制分布法
	379	績效評價方法：360度評估法
	380	如何選擇績效管理工具和評價方法
	381	績效診斷的工具和實施步驟
	382	績效診斷的4個注意事項
	383	績效原因分析方法（魚骨圖法）
	384	運用價值結構法查找績效原因的方法
	385	針對3種人才實施績效回饋技巧
	386	績效改進的3個維度
	387	績效改進的5個實施步驟
	388	績效結果在薪酬發放和調整中的應用

模組	序號	組塊
	389	績效結果在員工晉升發展中的應用
	390	績效結果在組織問題診斷中的應用
	391	績效結果在培訓改進計畫中的應用
	392	績效結果在招聘選拔中的應用
	393	績效申訴管道與流程
	394	績效申訴處理與注意事項
	395	績效管理常見的6種誤差和應對方法
	396	如何解決績效中的「棒打出頭鳥」問題
	397	績效管理變成走形式，怎麼辦
	398	績效管理變成挑毛病，怎麼辦
	399	VUCA時代績效管理的特點
	400	績效管理的遊戲化轉變
員工關係	401	員工關係管理的6個模組
	402	做好員工關係管理的4個關鍵
	403	員工訪談的實施方法
	404	如何幫助員工緩解身心壓力（EAP）
	405	如何做員工滿意度調查
	406	如何應對員工衝突
	407	如何應對員工投訴
	408	如何應對員工吐槽
	409	如何低成本又有效地舉辦活動
	410	如何營造團隊的平等氛圍

模組	序號	組塊
	411	員工合理化建議操作方法
	412	勞資集體協商操作方法
	413	工會制度操作方法
	414	職工代表大會制度操作方法
	415	員工勞動保護操作方法
	416	員工職業病防治操作方法
	417	工傷認定、申報與操作方法
	418	如何提高安全意識減少工傷
	419	如何解決用人唯親的問題
	420	如何解決裙帶關係的問題
	421	如何用好鯰魚型人才
	422	業務淡季如何做好員工管理
法務相關	423	勞動爭議處理方法
	424	如何減少勞動爭議
	425	如何判定勞動仲裁的時效和舉證責任
	426	人才招募環節的法律風險防控
	427	人才入職環節的法律風險防控
	428	人才離職環節的法律風險防控
	429	人才離職的4個經營管理風險
	430	合法合規的調崗調薪操作方法
	431	如何做好對女員工的保護
	432	社會保險常見問題與注意事項

模組	序號	組塊
	433	養老保險常見問題與注意事項
	434	醫療保險常見問題與注意事項
	435	失業保險常見問題與注意事項
	436	生育保險常見問題與注意事項
	437	工傷保險常見問題與注意事項
	438	如何應用雇主責任險
	439	住房公積金常見問題與注意事項
	440	員工醫療期常見問題與注意事項
	441	什麼是違約金、補償金、賠償金
	442	制度不全時，員工「違規」怎麼辦
	443	末位淘汰能否成為解雇員工的理由
	444	員工今年離職，該不該獲得去年的年終獎金
組織架構	445	縱向型組織架構
	446	橫向型組織架構
	447	矩陣型組織架構
	448	網路型組織架構
	449	分權型組織架構
	450	平台型組織架構
	451	如何進行組織架構的診斷和調整
	452	如何防止出現「套娃效應」
企業文化	453	企業文化框架建立方法
	454	企業文化提煉和設計方法

模組	序號	組塊
	455	企業如何選擇適合自己的企業文化
	456	如何傳播與內化企業文化
	457	如何建立跨地區分公司的企業文化
	458	儀式感如何在企業文化中發揮作用
	459	加班文化不如高效率文化
	460	只看結果的文化得不到好結果
	461	如何打造高績效文化
	462	如何考核企業文化工作品質
流程制度	463	如何系統地彙編規章制度
	464	流程制度合法編制、通過和公布程序
	465	如何避免流程制度陷入走形式
	466	推行規章制度時，遇到員工對抗怎麼辦
	467	員工違規違紀時，應如何處理
	468	員工手冊編制與使用
數據分析	469	典型無效的數據分析
	470	數據分析的正確認知
	471	數據分析的3個維度與4個步驟
	472	數據分析的4種常見類型
	473	實施數據分析的三大成本要素
	474	常見數據分析方法：對比分析法
	475	常見數據分析方法：屬性分析法
	476	常見數據分析方法：圖形分析法

模組	序號	組塊
	477	不同層級的HR應關注哪些數據
	478	如何用數據歸納事實和聚焦問題
	479	數據評價的4個通用維度與改進邏輯
	480	正確計算人數的方法（人員係數）
	481	常見人力資源數量的8種分析
	482	員工出勤率分析
	483	招聘效果分析
	484	招聘效率分析
	485	招聘費用分析
	486	離職率的正確計算方法
	487	人才離職數量分析
	488	人才離職品質分析
	489	如何實現人才培養量化
	490	如何實現學習內容量化
	491	薪酬集中與離散情況分析
	492	薪酬偏離度分析
	493	薪酬發放情況分析
	494	人工費用情況分析
	495	勞動效率分析
	496	員工敬業度分析
	497	工傷情況匯總分析
	498	風險的量化方法

模組	序號	組塊
	499	人力資源三大報表：人力資本負債表
	500	人力資源三大報表：人才流量表
	501	人力資源三大報表：人力資本利潤表
	502	數據分析常見錯誤：圖形應用
	503	數據分析常見錯誤：數字應用
	504	數據分析常見錯誤：分析方法
成本管控	505	成本認知：成本無處不在
	506	人力成本的四大組成要素
	507	人力成本管控的3個誤區
	508	管控人力成本是投資的藝術
	509	人力資源成本管控的4個層面
	510	如何借助上下游降低成本
	511	評判人力成本管控品質的5個指標
	512	人力成本管控的6個步驟
工作方法	513	老闆不重視人力資源工作，怎麼辦
	514	很多人力資源工作無法落實，怎麼辦
	515	HR的很多工作老闆不滿意，怎麼辦
	516	基層HR沒有話語權，怎麼辦
	517	業務部門和老闆意見不合，HR怎麼辦
	518	新入職HR如何快速融入團隊
	519	人力資源部如何為企業賺錢
	520	如何做高品質的工作總結和計畫

以上共有520個組塊,每個組塊的學習大約需要15分鐘,一共需要學習大約130個小時。按照這個邏輯劃分的組塊不僅與實戰工作的匹配度更高,更能實現精準有效的學習,節省學習時間,而且可以利用碎片時間高效學習。

如果你是人力資源管理從業者,或身邊有想從事人力資源管理工作的朋友,推薦學習這520個組塊。520個組塊全部掌握後,一個人即使原來沒有人力資源管理實戰知識和技能,也能夠有系統、全面地掌握相關知識,快速上手工作。

當然,如果覺得520個組塊還不夠細緻,還可以對520個組塊做進一步的細分,將每個組塊再拆分成3~10個下一級的組塊。拆分後的組塊還可以繼續拆分成3~10個再下一級的組塊。

第5章

集中
心無旁鶩，專注精進

居禮夫人說：「知識的專一性像錐尖，集中
精力就像是錘子的作用力，時間的連續性就
像不停地使錐子往前鑽。」這正是西蒙學習
法中集中的道理。這就像燒水，集中火力加
熱達到水的沸點後，水才能燒開。如果只是
斷斷續續加熱，不僅白白耗費許多能源，而
且無法達到燒開水的目的。

5.1　運用本能：科學地應對注意力不集中問題

很多人認為時間是稀缺資源，實際上並非如此。

不考慮壽命和意外等因素，時間對每個人都是公平的。每個人一天都有24小時，除去平均8個小時的睡覺時間，平均2個小時的吃飯和洗漱時間，平均2個小時的交通和休閒時間，剩下12個小時如果全部用來學習，有多少人能完全不浪費地用完呢？

答案是幾乎沒有人能做到。這一點無須多講，看一下自己和周圍的人就不難發現。

稀缺，是缺少的意思，也就是人們想要擁有，但沒有。關於時間，顯然很多人不是沒有時間，時間就在那裡，都還沒有用完，怎麼能說沒有呢？所以，時間不是稀缺的，時間是有限的。稀缺的，其實是人的注意力。

很多人學習效率低的真正原因，是很難在一段連續的時間裡，把注意力集中在想學的知識上。很多人在學習時，總是東摸摸西摸摸，左顧右盼，想東想西，造成了對時間的利用率低。

在西蒙研究的認知心理學領域，有關於人的注意力分配機制的研究。

人類的大腦是具備資訊過濾機制的。否則人們在每天的日常工作、生活中，時刻都在接受大量的資訊，如果不能過

濾掉一些資訊，人們就無法對重要資訊進行進一步的加工處理。這種資訊過濾機制，可以理解為人們具備控制注意力的能力。

一般來說，人們會把注意力放在當下自己認為最重要的事情上。但人的注意力會因為一些突發狀況而中斷，例如忽然有人打電話來，手機鈴聲響了；或忽然有人發簡訊來，手機螢幕亮了。這時候人的注意力就很容易轉到手機上。

生物心理學認為，人的這種注意力中斷機制是必要的，否則，人很容易陷入一種沉浸的狀態而無法自拔，感知不到周圍更重要的訊息。這種機制在遠古時期，可以幫助人類及時發現危險，規避可能遇到的災難。

同樣地，懶也是人類的一種本能，它讓人類更傾向於儲能而非耗能。這個世界上不存在完全不懶的人。如果一個人一點都不懶，那這個人應該已經累死了。

原始時代的生存本能放在當今社會，已經成為影響很多人學習發展的問題。

許多人會把注意力不集中歸結為自我克制能力弱或自我管理能力差。例如，我喜歡玩遊戲，是因為我管不住自己的「玩心」；我喜歡吃，是因為我管不住自己的嘴；我想好好學習，但我就是管不住自己。

這類人往往在心中會有一種假設：只要自己的自我管理能力變強了，能夠管得住自己了，就可以……

　　於是，他們開始透過網路、上課等各種途徑學習自我管理的相關知識。彷彿學成之後，自己的自我管理能力就變強了，自控力就變強了。而現實往往是，他們學來學去，最後沒有太大的變化。

　　問題出在哪裡呢？是他們在學習自我管理的過程中不努力嗎？不是。是因為他們的問題其實和自我管理能力的強弱沒有多大關係。

　　經歷過大學考試的人都有一種體會：準備考試的那段時間幾乎是自己人生中學習能力和自控力的巔峰時期。那段時間每天可以沒日沒夜地做很多題目，可以唸書唸到很晚。到了第二天，卻還是精神抖擻，可以繼續奮戰。

　　奇怪的是，同樣是這批人，考上大學以後，大部分人反而變得懶散了，沒有了之前的學習勁頭和毅力。假期時更是一發不可收拾，暴飲暴食、熬夜看劇、晚睡晚起都是家常便飯。

　　為什麼會這樣？因為沒有目標了？這是結果，並不是原因。我們以為問題的核心是這些人曾經自我管理能力非常強但是現在變弱了，而這其實是假象。

　　真相是：保證我們高效運轉的其實是「習慣」，而不是自我管理能力。

　　想一想，在大考之前那種緊張的學習氛圍裡，我們被動地養成了多少習慣？每天規律地上課、自習、吃飯和睡覺，

我們的目標非常明確。每個月、每個星期、每天需要學習或複習什麼，老師們都替我們規劃安排得好好的。

在那種環境下，對於每天的學習，我們習以為常，就像每天早上起床後都會自動去刷牙洗臉一樣。想一想我們起床後刷牙洗臉的過程：睜開眼，穿上衣服，走到洗漱台前，拿起杯子和牙刷，接水，擠牙膏，開始刷牙，刷完牙以後洗臉。即使我們睡眼惺忪，但這一套流程我們仍然能精確無比、毫不費力地完成。這個過程需要自我管理能力嗎？不需要！

當人們養成每天早晨起床後刷牙洗臉的習慣之後，如果哪天早晨起床後沒有執行這套程序，反而會覺得不適應。學習也是如此，養成學習的習慣後，不學習反而讓人覺得不適。許多知名人物都曾說「不可一日不讀書」。這不是一句口號，而是這些人真實的習慣。

同樣的道理，高中時期的學習生活，基本上不需要太強的自我管理能力。而當我們進入大學以後，沒有了高中的學習環境，人們便容易丟掉那些被動養成的習慣，於是出現了各式各樣的沉淪和放縱的情況。

人類本能的行為是最不費力的。注意力不集中、自制力差、懶等等都是人類的本能，慣性行為也是人類的本能。想要科學地抵抗不好的本能，關鍵在於如何主動養成習慣。利用習慣，讓有利於自己的行為變得不再費力。

5.2　輕鬆專注：高效能人士都這樣做

很多人對自制力有一種誤解，認為自制力一旦形成，就「取之不盡，用之不竭」。其實人的自制力是有限的，和我們身體的肌肉力量一樣。這個結論已經被諸多心理實驗證實。

想像一下，當我們饑餓難耐的時候，面前有一桌大餐，全都是我們平時最喜歡吃的菜。我們本來可以隨便吃，有人卻告訴我們要克制，不能吃我們最喜歡吃的，只能配白開水吃一張毫無味道的餅；想像一下，當我們在一個本來可以休閒放鬆、享受生活，做自己想做的任何事情的時刻，有人卻告訴我們要克制住，不能休閒，不能玩，還要繼續埋頭苦幹。

每拒絕一次誘惑，我們的自制力就消耗一分，如果面臨的誘惑太多，總會有一個時刻，我們會「累」到無力抵抗。這個道理和我們體力勞動的消耗原理是一樣的。想像一下，搬家時，我們費力地把一大堆傢俱從樓上搬到樓下，再抬上貨車，再從貨車上搬下再搬到新家裡。也許用不了一天，我們就會雙臂酸軟、腰酸背痛，嚴重的可能連一杯水都舉不起來——因為我們的肌肉力量耗盡了。

當然，肌肉的勞累過兩天自然會恢復，自制力的損耗睡個好覺也能得到補充。不同的人，天生力氣的大小就不一樣，自制力的強弱天生也不一樣。自制力的強弱與智商一樣

呈現常態分布。有自制力超群的，也有很弱的，這兩種人在人群中都占較少的比例，絕大多數人都處在中間那個狀態──不算好，也不算壞。

肌肉力量有極限，自制力也有極限。生活中，我們面臨的誘惑如此之多，靠後天鍛鍊出來的自制力根本就不夠用。社會裡的成功人士、菁英人士，其高效的工作、學習和生活，並不像我們原本以為的那樣，依賴於強大的自制力，而是得益於後天建構起來的習慣體系。

如何利用我們有限的自制力，去建立這樣一套體系，才是關鍵。但是建立習慣體系並不是一件輕鬆的事，原因在於很多人不知道習慣養成背後的原理。

習慣的養成，依賴於4個部分：信念（Belief）、觸機（Cue）、慣性行為（Routine）和獎勵（Reward）。

1.信念（Belief）

信念是習慣養成的頂層條件，是向自己解釋「為什麼」的問題。為什麼有的人要養成早睡早起的習慣？因為根據這些人的信念，這對自己的身心健康有好處。為什麼有人要養成每天學習兩小時的習慣？因為根據這些人的信念，這對自己的事業發展有好處。

相反地，為什麼有人對養成早睡早起和每天學習兩小時這種習慣並不在意？因為根據這些人的信念，這跟健康和事業發展沒有太大關係。實質上，有沒有關係是「事實」，認

為它們有沒有關係的是「信念」。強化自己的信念有助於獲得精神上的正回饋和積極的動因。我們要相信，學習一定是對自己有益的，而且是必需的。

2. 觸機（Cue）

觸機是指觸發習慣的開端。習慣的觸機有很多，可能是時間、地點、事件或場景。

例如，我們早上刷牙洗臉這一連串動作的觸機可能是起床這個動作；如果有人每天在睡覺前習慣玩手機，那麼觸機可能會是他躺下來蓋上被子的動作。

觸機是大腦中一個習慣流程的開始，是習慣養成的必備一環。觸機本身沒有好壞之分，決定習慣對我們是否有利的，是它引發的一連串慣性行為。

3. 慣性行為（Routine）

慣性行為是無意識的行為。

例如，有人一打開電腦，就會先打開網路遊戲；有人一到辦公室，就會先泡一壺茶。在建立新習慣的過程中，我們的自制力就是用來修正那些引起負面效果的壞習慣，將其替換為新的慣性行為。

在修正壞習慣的過程中，我們需要格外留意引發它的觸機，同時關注自己的行為，並不斷提醒自己不要重蹈覆轍。這一步非常消耗時間和精力，可能要與壞習慣反覆拉鋸，因為要建立良好的慣性行為，不僅需要有自制力去對抗壞習

慣，還需要在行為結束時獲得一定的正向回饋，也就是接下來要說的「獎勵」。

4. 獎勵（Reward）

這是習慣養成當中至關重要的一環，它往往容易被忽略。為什麼壞習慣容易養成且難以改變？因為它們的獎勵往往即時且明顯。

好習慣難以形成，恰恰是因為其獎勵在短期內不夠明顯。背單字、健身、學習等習慣往往需要較長的時間才能看到效果，有些人天生能從過程中獲得精神激勵，但大部分的人不行。

所以，為了促進習慣養成，我們需要適時地給自己一些獎勵。例如，記錄自己的成長和進步，時不時在社群上發個文鼓勵一下自己，達到一些小目標時吃一頓好吃的慶祝一下等等。

5.3　創造距離：如何不被手機綁架

很多人不是沒有目標，也不是沒有時間，而是給自己制定目標後，「拖延症」發作，最終導致目標沒有完成。為什麼人們總樂於做那些與目標無關的事情？如看手機、玩遊戲、聽音樂等。為什麼這些會讓人欲罷不能？

當人們無法透過自己的行動獲得快感時，就喜歡享受當下的這些小事情給自己帶來的即時的滿足感。

例如，有人想考英語六級、考碩士、考博士，這一定需要一個漫長的K書、學習和不斷練習的過程才能達成。但人們往往會看一會兒書就忍不住拿出手機翻看朋友圈、聊一下天。因為做這些簡單的事情，人們能獲得即時的滿足感。而讀書、學習這些能夠提升自己的事情帶來的都是延遲的滿足感，短時間內不會讓自己有很大的滿足，所以人們就很容易放棄或拖延。

人之所以會有這種天生的「短視」，喜歡即時的回饋和滿足感，是因為人類生存和進化的天性。幾百萬年前，我們的祖先還在茹毛飲血的時代，資源稀缺，吃了上頓沒下頓，於是他們的大腦持續分泌化學物質，促使人類去尋找並攝入食物，食物的能量越高越好，自身儲存的脂肪越多越好。如果沒有這種機制，人類很可能存活不到今天。

但是遠離了原始時代後，我們進化出了更高級的控制單元，我們學會了制定計畫，學會了為達到長期目標而放棄短期利益。但人類大腦中原始的那部分並沒有消亡，它依然在爭奪對身體的控制權，促使我們不斷地尋求即時的滿足感。

嬰兒剛出生時最原始的生理反應是：餓了就哭，不給吃的就一直哭，吃飽了就不哭。這就是即時滿足的反應。同樣地，如果一件事能讓人在短時間看到回饋（成果），人們就

很容易偏向於先做那件事。

這就是為什麼學習一個小時很難，而嗑一個小時的瓜子卻很容易。因為每一個嗑瓜子的動作都是有即時回報的，都會得到相應的一顆瓜子，大腦能體驗到即時滿足感，而學習了一個小時，卻得不到明顯的成果和回饋。

這就是為什麼有人打開手機想要背單字，卻鬼使神差地打開了IG或Line；有人打開電腦想要聽講座，卻不知不覺地看起了電影和電視劇；有人晚飯吃了不少，睡前卻還是管不住自己伸向零食的手。都是大腦裡的那個「原始部分」在作怪。

那麼，要如何克服呢？

簡單地說，要想辦法用「延遲的滿足感」來代替「即時的滿足感」。有人可能會問，要我延遲滿足，是不是就是一直拖著不滿足？當然不是。延遲滿足絕不是壓抑自己的需求，而是適當地延遲一些再滿足。這需要我們和自己的大腦做一個約定。

美國作家凱莉・麥高尼格（Kelly McGonigal）提到過一個方法——等待10分鐘。在誘惑的面前安排10分鐘的等待時間，如果10分鐘之後你還想要，那你就可以擁有它，但是在這期間，你應該時時刻刻想著長遠的利益。這個方法可以視為：創造一點距離，讓拒絕變得容易。

例如，一個兩三歲的孩子馬上要吃蘋果，我們可以先不

給他，不讓他即時滿足，讓他等一會兒，安靜一會兒，再給他；一個五六歲的孩子到了商場看到玩具以後想要玩具，我們可以先不滿足他，過一段時間再給他……延遲滿足孩子的需求，可以幫助孩子習慣於延長等待時間。

例如，在學習、工作時，想拿出手機玩之前，我們可以告訴自己：「等10分鐘之後再玩，如果10分鐘以後還想玩，就可以玩。」但在這期間，我們應該思考玩手機對學習、工作的效率會產生什麼樣的影響。進行了這樣的思考，10分鐘過後，一般我們就不會想拿出手機玩了。

這個方法還可以運用到那些「我要做」但「我總是拖延」的事情上。對於這類事情，我們可以告訴自己：先堅持做10分鐘，10分鐘之後如果覺得不想做，就可以停下。但通常只要不是自己特別厭惡的事情，開始做了以後很容易就忘了10分鐘的約定，不知不覺就會做很久。

等待10分鐘的方法是基於「即時獎勵」的原理而提出的。還有一種方法是基於「未來獎勵」這個角度，從長遠利益出發提出的，叫「降低延遲折扣率」。

我們的大腦習慣給未來的回報打折，但是每個人打的折扣是不一樣的。有人打的折扣很多，未來的獎勵對這類人來說估值會偏低，所以這類人更容易選擇屈服於眼前的誘惑；而有的人打的折扣比較少，未來的獎勵對這部分人來說估值會很高，所以這類人通常更關注未來更大的獎勵，並耐心等

待它的到來。

　　當受到誘惑要做與長期利益相悖的事時，我們可以試著想像一下，我們的這個行為意味著我們為了即時的滿足感而放棄了更好的長期獎勵；或者想像一下，我們已經得到了長期獎勵，未來我們正在享受著自控的成果。再問一問自己，願意放棄它來換取正在誘惑我們的短暫快感嗎？這個方法就是為了增加「未來獎勵」的價值，降低延遲折扣率。

　　例如，有人正在準備碩士班考試，不經意間想拿出手機玩，在玩之前問一下自己，現在玩了手機就是放棄了複習時間，很可能會導致考試失敗，這是自己想要的嗎？想像未來自己考上了理想學校，成為研究生，圍繞在親戚朋友的誇讚和羨慕中的情景；想像自己憑藉著碩士的學歷進入心儀的大公司工作，而很多人連面試的機會都沒有的情景。這時候，你還願意放棄未來的獎勵繼續玩手機嗎？

　　這個方法最重要的就是搞清楚自己對未來的期待。人們對未來的期待越高、越清晰，延遲折扣率就會越低，人們就越願意放棄眼前利益而追求更長期的利益。所以，知道自己真正想要什麼非常重要。只有我們真正想要的東西才有可能觸發我們內心的動機，為了它，我們才有可能放棄即時獎勵帶來的滿足感。

　　所謂對未來的期待，其實就是夢想。當一個人有了夢想，也就擁有了更大的內心動力去堅持做那些能夠幫助自己

實現夢想的事，放棄或避開那些可能阻礙夢想實現的誘惑。當一個人可以清晰地知道自己想要什麼並能夠時刻提醒自己時，就可以「以終為始」地做那些重要的事情。

5.4　適度壓力：提高專注力的方法

人類是一種能夠動腦卻不願意動腦的生物。在長期的進化過程中，人類擁有了一顆占據自身體重2%，卻消耗身體25%的氧氣、20%的能量的大腦。大腦，讓人類獲得高智商的同時，也帶來了巨大的能量消耗。

所以，人類都具有不願意動腦的習慣。在常常吃了上頓沒有下頓的石器時代，這是生存優勢。但在如今人類內部的競爭中，這顯然是劣勢。

為了減少能量消耗，盡可能地活下去，人類養成了對和自己基本生存關係不大的事情不去過多的思考，以節省能量的習慣。

專注力能夠被培養和鍛鍊。

教育家瑪麗亞・蒙特梭利（Maria Montessori）說：「最好的學習方法就是讓學生聚精會神的方法。」那麼，如何提高學習時的專注力呢？

1.適度壓力

適度的壓力可以讓大腦進入興奮狀態。這種狀態下，精神集中，學習效率高。但要注意的是，壓力要適度，過度的壓力會讓人停止思考。

產生適度的壓力有以下3種方法：

（1）確定時間，如晚上8～10點必須學習。

（2）確定任務，今日事今日畢，絕不拖到明天。為做到這一點可以和好朋友相約，互相監督，不遵守要懲罰。

（3）記錄問題，每天必須記下3個問題。君子每日三省吾身，每天自我反省，會讓自己變得更專注，找到自己的問題，會讓自己越來越好。

適度的壓力能激發人的潛能，但過度的壓力往往會壓得人喘不過氣來。此時，要強迫自己冷靜下來，想出有效的方法去應對。而不是怒不可遏、滿腹牢騷。

每個人都是有潛力的，生於憂患，死於安樂。當面對壓力時，不要焦慮，也許這只是生活對我們的一點小考驗，相信自己，一切都能處理好。

2.配合情景

這個方法在提升寫作能力上尤其管用。筆者經常帶兒子去近距離接觸大自然，孩子每次都玩得很盡興，一路上還對奇怪的動植物很感興趣，不停發問。

有一次，兒子的作文得到了老師的誇獎，說他畫面描述

得很生動。這是因為他在玩的過程中，累積了豐富的素材，自然寫得生動。

這個方法對所有能把知識和情境連結在一起的情況都適用，例如背誦古詩詞時可以用。

3. 交替學習

大腦是分區域的。長時間學習同一類內容，會反覆使用大腦的同一區域。這樣很容易讓大腦疲憊，導致注意力渙散。這時，可以學習不同的內容，使用大腦的不同區域，讓大腦保持新鮮感。

例如，對學生來說，學習時可以文理科交錯進行，這樣的效果更好。交替學習可以和前文提到的「中斷點續傳」連結在一起使用。

每個人無法專注的原因有所不同，只要找到導致自己無法專注的原因，就可以採取針對性的措施來保持專注。常見的保持專注的方法有以下4種：

1. 收起無關的東西

學習時，如果房間裡有手機或遊戲機這類會影響學習的東西，要主動將這些東西收起來，不要讓它們出現在自己的視線範圍內。視線範圍內只保留和現在的學習任務相關的東西，如需要用的課本、作業本和文具等，盡力做到「眼不見，心不想」。

2.選擇安靜的環境

學習之前，我們可以和家人協調一下，避免家人在無意之間干擾到自己。不要主動選擇那些太嘈雜的環境學習。例如很多人選擇去速食店或咖啡廳裡學習，但這些店的環境往往比較嘈雜，外界干擾源較多，反而讓人很難集中精力學習。

3.番茄工作法

使用番茄工作法學習，可以給自己設置一段時間的學習目標（初期可以學習20分鐘，休息10分鐘，後期可以逐漸延長學習時間，縮短休息時間），給自己一定的學習壓力，進而迫使自己專注於當下所做的事，這樣可以有效解決因為壓力不足帶來的不專注問題。番茄工作法的具體實施方法將在第六章討論。

4.注意休息

好的身體狀態是學習的基礎。要注意保證睡眠充足，合理安排飲食和運動，保證每天都精力充沛。如果感覺疲勞，可以閉眼休息20分鐘，再繼續學習。

總之，只有保持足夠的精力，減少外界的干擾，激發自己的學習興趣，才能保持專注力，實現高效學習。

5.5　專注規劃：如何科學地放鬆大腦

讓人疲憊的，往往不是遠方的高山，而是鞋裡面的一顆石子。石子不僅磨腳，而且總讓人分心，不能專心趕路。所以趕路時，最好的做法是走一段路，休息一下，脫下鞋子揉揉腳，倒一倒鞋裡面的石子。

一提到走神，大部分人都會將其和注意力不集中聯繫起來。有的人使用各種集中注意力的方法後，仍然會走神。人們覺得走神是不好的事，都避之不及。

事實上，走神是人們經歷了幾萬年才進化出來的一種本能。

在遠古時期，人類周圍處處是危險。人們需要不斷觀察周遭，發現危險。

即使睡覺，也不敢睡得太沉。因為太專注於某一件事而忽略周圍的事物，很容易被各種猛獸吃掉。

所以，能活下來的人都是「三心二意」的。即使是現在，我們坐在家裡專心看書，如果寵物突然跑過來，我們也會第一時間察覺。

對於大腦來說，無法長時間保持專注是正常現象。專注一件事情，大腦會高速運轉，很容易疲勞。所以，長期保持專注其實是不現實的。就像長時間站立、行走、跑步卻不休息，人的體力必然會透支。

人們能保持精神高度專注多長時間呢？

不同年齡段的人，專注時間是不同的，呈現出先增加，後減少的趨勢。

2歲以下的幼兒，專注時間大約為3分鐘，用「3分鐘熱度」來形容2歲以下的幼兒很適合。

6～8歲兒童的專注時間大約可以增加到15分鐘。

14～16歲的青少年，專注時間能夠達到40分鐘左右。

18～22歲的青年，專注時間進一步延長，可以達到50分鐘左右。這也是為什麼學校的課業學習時間一般安排為45分鐘或50分鐘。

人在青年時期專注時間通常已經達到頂峰。如果不能保持繼續學習的習慣，不刻意增強自己的專注力，很多人在成年之後的專注時間會開始縮短。不少心理學家認為，成年人的專注時間普遍為15～25分鐘。

超過了專注時間的極限後，就需要讓大腦放鬆。這時候大腦會主動站出來執行這一操作，也就是走神。

所以，不要暗罵自己不爭氣，一味地對抗身體本能。走神，代表大腦需要休息。正確的方式是化被動走神為主動走神。

每專注學習一段時間，就可以主動走神放鬆一下，做些別的事情。

在家時，寫了一會兒作業或學習一段時間後，可以主動

停下來欣賞一下牆上的畫,整理一下桌子,收拾一下書包,望望窗外的風景或聽聽舒緩的純音樂,平復心情,主動讓大腦放鬆。幾分鐘後,再繼續手頭的學習或作業。

主動走神時要注意遵循以下三大原則:

1.不進行大量思考

主動走神就是要讓大腦充分休息。這時候如果進行大量的思考,尤其是和前面的學習內容相關的思考,大腦實際上並沒有得到休息。

2.不產生情緒波動

情緒會影響人的行動,這一點在後文中會詳細介紹。如果主動走神的過程中產生情緒波動,可能會影響接下來的注意力,從而影響學習效果。

3.不影響學習進度

要限制主動走神的時間,這段時間不要過長,不能影響正常的學習進度。

要注意的是,看影片、看書、玩競技遊戲,只會讓大腦更緊張,達不到主動走神讓大腦放鬆的目的。

5.6　引爆情緒:激發行動力的演算法

人是情緒的動物,在激發人的行動力方面,沒有比調動

情緒能量（Energy in Motion）更有效的方法了。沒錯，情緒實際上是一種流動的能量。

關於情緒對人行動的影響，心理學界曾做過大量研究。著名心理學家大衛·霍金斯（David Hawkins）就曾對人類在不同情緒下對應的能量等級做過研究。

很多人疑惑：為什麼他們明知道做某件事對自己來說是好的，但就是不願意去做。例如，明知道學習對自己有幫助，但就是不願意學習。為什麼呢？很可能是因為這些人對做某件事毫無情緒或抱有負面情緒。

拿學習舉例，2018 年高考，河北考生王心儀以 707 分的成績考入北京大學中文系。她的一篇〈感謝貧窮〉打動了無數人，其中有這樣一段內容：

感謝貧窮，你讓我堅信教育與知識的力量。物質的匱乏帶來的不外是兩種結果：一種是精神的極度貧瘠，另一種是精神的極度充盈。而我，選擇後者。

我來自一個普通但對教育與知識充滿執念的家庭。母親說過，這是一條通向更廣闊世界的路。從那時起，知識改變命運的信念便深深地紮根在我的心中。

感謝貧窮，你賦予我生生不息的希望與永不低頭的氣量。農民們都知道，播種的時候將種子埋在土裡後要重重地踩上一腳。第一次去播種，我也很奇怪，踩得這麼實，苗怎麼能破土而出？可母親告訴我，土鬆，苗反而會出不來，破

土之前遇到堅實的土壤，才能讓苗更茁壯地成長。長大後，當我再次回憶起這些話，才知道自己也正是如此。

匱乏的物質生活讓王心儀產生了一種強大的情緒力量，她迫切地想要透過努力改變現狀。

《史記‧范雎蔡澤傳》中說：「語曰『日中則移，月滿則虧』。物盛則衰，天地之常數也。」意思是任何事情到了圓滿時，接下來必然會走下坡路。當人們認為自己站在山頂時，不論怎麼走，都是下坡路。要想走上坡路，要讓自己時刻保持「缺」的心態。

筆者一直是一個精力充沛、行動力很強的人。

很多認識筆者的人都說筆者是「工作狂」，筆者確實是個對工作樂此不疲的人。經過反思，筆者這樣是因為成長的經歷讓筆者缺乏安全感。這種不安全感被放大到情緒上，變成了一種情緒能量，推動著筆者行動。

想改變現狀的強烈願望給了筆者強大的行動力。筆者的家庭比較特殊，從小由爺爺奶奶帶大，家庭的經濟條件很一般。這也許是筆者比較喜歡「折騰」的原動力。別人家的孩子有父母支持，多少有些安全感，而筆者沒有，一切都要靠自己。

筆者上大學時，很多同學不愁吃穿，安心學習，而筆者為了賺錢，課餘時間發過傳單，做過導購，賣過電話卡，擺攤賣過餅乾，還幫補習班做過招生工作。

　　後來筆者創業失敗，欠了幾十萬元的債，而且因為創業，錯過了雙選會（編按：讓大學畢業生和用人單位可以互相選擇的一種活動），一度找不到工作，只能去洗浴中心做服務員，因為在洗浴中心工作管吃管住。

　　經歷過那段很「黑暗」的時期，筆者覺得不拼命不行。憑著這個勁頭，筆者在職場上一路晉升。後來到了職業瓶頸期，筆者又不安於現狀，做投資被騙，虧了不少錢。

　　一路磕磕絆絆，筆者取得了不少成績，也有過不少失敗，但無論如何，夢想和行動力沒有丟。所以筆者的競爭力日漸提升，影響力逐漸增強，思考力也不斷升級。總結下來，筆者的行動邏輯如圖5-1所示。

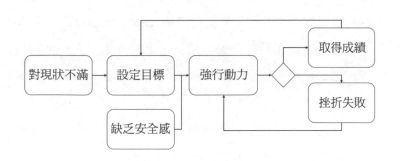

圖5-1　筆者的行動邏輯

　　筆者行動力的來源實際上是一套「演算法」。對現狀的不滿讓筆者給自己不斷設定目標，也讓筆者具備非常強的行

動力。

其中，從缺乏安全感到強行動力，是借助情緒能量的過程。

情緒是人類很重要的能量來源。人類大量的有意識行為的背後，都是由情緒在推動。

善於感受情緒、調動情緒，有助於人們產生巨大的行動力。不願意行動時，不妨試一試調動情緒能量。

5.7 刻意練習：舒爾特方格提升專注力

如果發現自己有不夠專注的問題，可以透過一個小遊戲來提升自己的專注力——舒爾特方格（Schulte Grid）。

舒爾特方格起源於美國，最初用來訓練太空人和飛行員的專注力，是比較科學、簡單、有效的提升專注力的訓練方法。

舒爾特方格訓練法只要有紙和筆就可以進行。明白舒爾特方格訓練法的原理後，自製訓練表也很容易。

舒爾特方格的實施步驟如下：

（1）在一張紙上畫出5×5的空方格。

（2）在方格中，沒有任何規律地隨機填寫數字1～25，每個方格填一個數字，如圖5-2所示。

6	11	21	18	9
14	1	5	16	25
8	22	13	24	7
17	10	23	2	20
3	15	19	4	12

圖5-2　舒爾特方格

（3）訓練時，使用碼錶計時，按1～25的順序，用手指依次指並念出每個數字。

（4）數完後，結束計時。通常，25秒內完成屬於中等水準。16秒內完成就是優秀。

注意，練習時一定要手嘴並用。因為目光很容易飄忽不定，透過用手指來引導目光，可以避免遭受干擾。我們用嘴念出數字，也使得大腦更為專注，可以抵抗內在的干擾。同時，計時能給自己帶來一定的壓力，避免鬆懈，從而達到更好的練習效果。

為了方便練習，我們可以在小卡片上繪製舒爾特方格，將小卡片放在口袋裡，就能隨時隨地練習。同時，為了避免畫方格時產生的記憶干擾，我們可以一次繪製幾十張不同的舒爾特方格。每次練習時，我們可以隨機從中抽取幾張。

為便於讀者使用，本書再提供10張5×5的舒爾特方格。

11	15	9	22	23
7	20	21	17	13
6	18	14	24	2
8	4	16	1	12
19	10	5	25	3

15	1	21	4	6
18	5	10	11	20
12	2	3	9	17
8	16	25	19	14
22	7	13	23	24

25	5	9	13	23
19	24	17	2	1
20	16	3	6	4
14	8	10	7	18
22	11	15	21	12

15	20	9	23	14
10	1	21	4	24
12	19	2	17	13
16	25	5	6	3
11	8	22	7	18

5	7	25	12	10
21	6	17	2	8
15	14	4	24	23
3	13	9	22	1
20	18	11	19	16

18	12	7	1	24
14	4	5	21	15
23	22	8	16	25
11	17	6	19	9
13	3	10	2	20

11	18	16	10	17
13	21	3	15	12
24	5	14	20	4
1	9	22	8	6
19	7	25	23	2

24	15	25	19	23
22	8	5	21	14
10	3	16	4	18
11	1	20	13	6
17	7	2	12	9

14	16	24	15	23
3	13	7	17	12
4	18	10	2	9
19	5	20	25	1
21	8	22	6	11

6	3	19	20	16
14	5	17	12	23
1	15	13	2	18
8	11	9	10	7
22	4	25	24	21

　　提升專注力不是一兩天就能實現的，需要長期堅持練習。每天拿出 5 分鐘來進行舒爾特方格訓練，持續 1 個月後，專注力就可以有效提升。當熟練後，我們可以向更高難度挑戰，嘗試用更複雜的 6×6、7×7、8×8 的方格練習。

　　6×6 的舒爾特方格如圖 5-3 所示。

20	26	3	14	32	8
7	13	18	29	5	34
19	1	24	15	28	12
16	25	9	36	23	35
21	4	31	11	2	30
17	10	27	22	33	6

圖 5-3　6×6 的舒爾特方格

　　7×7 的舒爾特方格如圖 5-4 所示。

22	36	2	45	20	43	27
11	8	21	33	26	35	49
5	31	39	14	48	16	25
13	28	9	44	19	42	46
32	12	3	37	15	1	6
30	23	34	41	7	24	18
10	38	17	4	29	40	47

圖5-4　7×7的舒爾特方格

8×8的舒爾特方格如圖5-5所示。

24	11	55	35	1	19	27	59
48	4	61	20	54	33	8	47
15	50	46	29	34	22	63	13
41	32	12	7	45	58	30	53
6	23	64	26	40	17	38	42
57	37	2	14	62	25	60	3
39	5	51	43	16	49	21	31
28	9	18	36	56	10	52	44

圖5-5　8×8的舒爾特方格

　　運用舒爾特方格訓練法，既是一種訓練，也是一種娛
樂。這種寓教於樂的訓練專注力的方法既有趣，又簡單，還
不會占用太多時間，長期訓練能有效提升人的專注力。

5.8　強制關注：從生活的海綿裡擠出更多時間

　　如果有人不想行動，「忙」會是最好的藉口。筆者有位
同事Mary，她特別喜歡羨慕別人。

　　常聽她兩眼放光地說，張三得到了某證書，李四考上了
MBA，王五在職讀完了博士……好羨慕他們啊。

　　筆者說：「你也可以考啊。」

　　Mary說：「我也想考在職碩士班，堅持複習了一段時
間，後來發現我沒有時間，回家要做家務，還有老公和孩子
要照顧。」

　　筆者說：「你看咱們公司的田經理，她工作比咱們都
忙，週末經常不休息，今年已經50多歲了，培養女兒考入了
好大學，自己還每天堅持學習，能保持一年學一個自己感興
趣的領域的知識！田經理能做到的，你應該也可以吧？」

　　Mary說：「你說的對，不過……我們家孩子……我們家
老公……我們家的狗……」

　　總之，Mary很忙，忙得沒有時間做任何讓自己增值的事

情。過了不久，筆者又聽到她開始羨慕某人考了某證書，某人考了MBA，某人考了博士⋯⋯她的這種羨慕，似乎是把自己的期望投射到這些人身上。

可是據筆者所知，她平時還經常跟同事談到她和老公一起去看的電影，一起自駕到某地的旅遊，一起玩的遊戲⋯⋯

Mary有一個非常有趣的心智模式：羨慕別人─內心不平─嘗試改變─產生倦怠─內心接受─繼續羨慕別人。這種心智模式，是一種思維上的死循環。

顯然，以這種心智模式無限循環下去，不會產生任何增值。陷入這種心智模式的人通常很難走出來，這些人每天做的就是先不斷羨慕，再不斷放棄，然後不斷用「忙」來自我安慰。

那麼，要怎麼樣才能走出這種死循環呢？有個人的經歷也許能幫助我們找到答案。

有個叫吉田穗波的日本人，她是5個孩子的媽媽，2004年從名古屋大學研究所博士畢業後，就在東京銀座的婦幼綜合診所擔任婦產科醫師，工作十分忙碌。

她的大女兒一歲時因肺炎引發氣喘，吉田穗波在疲於生活和工作的同時，萌生了「若想改變現狀，只能積極提升自己」的想法。那時候，她產生了一個大膽的想法──到世界頂級學府哈佛大學進修。

她把這個想法付諸行動時，大女兒才兩歲，老二只有兩

個月。她的工作時間是朝九晚五，每天上下班要花3個小時，通常下了班，從學校接了小孩，回到家已經是晚上七點。

2008年，她懷抱著深造的夢想，用半年的時間完成了從申請入學哈佛、準備考試到錄取的全過程，期間還懷上了第三胎。同年，她帶著3個年幼的女兒，與丈夫一起前往波士頓。她僅用了兩年時間便取得了學位，還生下了第4個孩子。在總結這段經歷撰寫自傳時，她的第5個孩子也誕生了。

吉田穗波能實現夢想，除了家人的支持外，還有賴於她有效的時間管理方法。她在自己的書中分享了自己時間管理的經驗：

（1）越沒時間越想做事，把自己的焦躁轉化為進步的決心。

（2）別只想or，要學著想and，人生太短，不能按順序一件件地做事。

（3）放棄完美主義，多件事齊頭並進，要有亂成一團的心理準備。

（4）先用整段時間優先處理大問題，再用碎片時間處理小問題。

（5）早睡早起，留出自己不被別人打擾的時間。

（6）學會借助他人的力量，外包思維，用錢來買時間。

（7）別被常識偷走時間，自己生活的規矩是自己訂的。

（8）利用碎片時間，讓生活更高效。

（9）別讓焦慮澆熄了自己的鬥志，控制情緒就是節省時間。

領導學專家羅賓‧夏瑪（Robin Sharma）說：「不是因為某件事很難，你才不想做，而是因為你不想做，讓這件事變得很難。」

這句話是吉田穗波的座右銘。

管理時間有個簡單的祕訣：有條理地強制自己關注那些重要的事情，抑制住做那些緊急和簡單事情的衝動。我們天生喜歡做那些簡單的事情，因為這些事情看起來緊急而且簡單，我們能夠瞬間得到滿足感。但對那些重要的事情我們卻會拖延，如鍛鍊身體。

要管理好自己的時間，要做到如下3點：

1. 先做最重要的事

想像一下，對於我們來說，當下最重要的事情是什麼？我們正在做這件事嗎？如果沒有，為什麼不做呢？

是不是因為「我想先做手裡這些事，等這些事做完以後，再做對我來說最重要的事」？可是，當「手裡這些事」做完之後，我們還有多少時間做對自己來說「最重要」的事情呢？

我們每天可能需要同時做很多事，這些事不可能全部做完。怎麼辦呢？不如用更多時間做更少的、更重要的事情。

2.關掉通知

現代科技已經進化到可以利用我們對做緊急事情的偏好來增強用戶黏性。例如，微信、微博等各類應用軟體的通知，都在爭先恐後地搶走我們的注意力。

幸運的是，有一個簡單方法可以解決這個問題——關掉通知。等我們有更多閒置時間時，再去處理那些事情。例如，利用飯後的休息時間，集中處理一些不重要的事情。餐後人體的胃腸道消化食物需要血液運輸營養物質和氧氣，學習效率會下降，正好可以利用這段時間處理一些不太需要思考的事。這樣做可以節省時間，提高效率。

3.忽略簡訊

在我們的常識中，忽略別人的訊息是很粗魯的、不道德的行為，但在時間管理上，這樣做是相當必要的。總有些人是我們沒有時間應付的。我們必須允許自己忘記一些請求。我們可以不回答某人的問題，也可以不理會「@所有人」的彈窗。

這個世界不會因為我們忽略掉一些事情而毀滅。這樣做，我們卻可以完成對自己來說真正重要的事。

問題不在於我們有沒有時間，每個人每天的時間是一樣的；問題在於，我們如何選擇。

〔專欄〕
集中突破，準備註冊會計師考試如何規劃時間

　　很多應試類的學習內容因為科目眾多、知識體系繁雜，讓人感覺難度很大，望而生畏，還沒開始學就已經打退堂鼓。但其實再難學的內容，只要願意投入時間和精力，總是能夠學會。沒有學會，往往是投入的時間和精力還不夠。沒有連續一段時間的作用力，就達不到錐子鑽進堅石的效果。

　　註冊會計師證書是財務領域最難考的證書之一，卻也是用處最大的證書之一。註冊會計師執業資格考試從最初的考5門科目，到考6門科目，到後來考完6門科目之後還要考1門綜合知識，被網友戲稱為「非常6＋1」，其難度可想而知。

　　知乎上有人問過一個問題：正常智力和學力水準下，準備註冊會計師考試需要多長時間？

　　知乎網友「北風要遠行」給出了一個被廣大網友普遍認可的參考時間，筆者整理後，如表5-1所示。

表5-1　註冊會計師考試的學習參考時間

科目	科目特點與難點	學習時間合計／小時	學習階段	具體時間分配／小時
會計	難度最大，綜合性最強，知識點多，有深度	500	打牢基礎	100
			解題練習	300
			複習衝刺	100
審計	難度同樣不小，沒接觸過審計實務的人很難深刻理解書中的知識	500	打牢基礎	150
			解題練習	250
			複習衝刺	100
稅法	難點主要是知識點零碎，稅種、稅率、徵稅範圍、稅收優惠等的記憶點較多	350	打牢基礎	70
			解題練習	200
			複習衝刺	80
財務成本管理	難點主要是計算，可以在掌握計算方法後持續練習	300	打牢基礎	60
			解題練習	170
			複習衝刺	70
經濟法	難點在記憶點較多，知識點涉及的法條較多，尤其是其中包含數字的，要準確記憶	250	打牢基礎	80
			解題練習	100
			複習衝刺	70
公司策略與風險管理	沒有企業實際策略管理經驗的人會感覺難以理解	250	打牢基礎	80
			解題練習	100
			複習衝刺	70

每個科目學習的3個階段，分別對應不同的學習要點。

在打牢基礎階段，可以透過上網課、閱讀教材，系統地學習知識點，了解知識體系，能夠做到理解和應用知識。

在解題練習階段，可以透過做題目進行練習，將知識點與解題實戰相連結。透過解題發現自身不足，以加深對知識的理解。

在複習衝刺階段，可以系統複習、查漏補缺，重點是對難點、易考點、易錯點進行複習。

根據「北風要遠行」的判斷，準備註冊會計師考試，至少需要2150個小時。如果按照每天學習8個小時，換算成天的話，是268.75天。顯然，滴水穿石，需要水持續、長時間地作用。

當然，除了投入必要的時間外，根據不同科目的特點，採取針對性的學習策略也是必要的。

知乎網友「三金」給出了每個科目的學習策略，如表5-2所示。

表5-2　註冊會計師考試的學習策略

科目	策略	內涵
會計	分錄為王	教材編寫的邏輯是概念—處理原則或方法—例題，直接閱讀很難理解。學習會計教材時，可以大致瀏覽前文內容，先看例題，再看會計分錄，最後回過頭來看一遍前面的內容，這樣更容易理解和記憶

審計	倒序學習	審計教材的前半部分是偏抽象的方法論，後半部分偏實務應用，直接按照這樣的順序學習，理解起來比較困難。可以先學後半部分的實務應用，再學習前面抽象的部分，這樣更容易了解
稅法	有捨有得	這部分內容知識點繁雜，而且可能會根據最新政策出題，所以備考時應該抓住重要的知識點。核心知識點和重要稅種的知識要完全掌握，其他小稅種和非重點知識，如果時間不夠或精力有限，可以不做重點複習
財務成本管理	保證準確	財務成本管理每年的考點類似，有不少類型的計算題每年必考。研究考古題會發現不少題目是「換湯不換藥」，熟練掌握這些計算題的算法，注意檢查計算過程，保證計算的準確，就能拿下這門考試
經濟法	簡單記憶	學好經濟法主要靠記憶，不需要深入研究「為什麼」，只需要記住「是什麼」。經濟法中的考點範圍同樣相對地比較固定。掌握住核心知識點的法理，記住關鍵的法條和應用，就能通過考試
公司策略與風險管理	知識脈絡	該科目中給出了大量解決企業經營管理問題的工具和方法論。這些工具和方法論不僅能分別解決對應的問題，而且有很強的邏輯關係。運用心智圖，梳理知識脈絡，釐清整套知識體系，更容易從整體上理解和記住知識

　　另外，「三金」也強調，不要期望一下子考過6門考試。一年之內6門全部考過的人鳳毛麟角，就算有，也一定是他們之前在這方面有相當深厚的累積。基礎比較差的人，還是每次考2門或3門就好。「三金」就是「3＋3＋1」通過註冊會計師考試的。

　　實際上那些基礎不怎麼樣，又期望一年內通過全部6門考試的人，往往是不會學習的人。這種人總是期望可以速成，可以不用努力就能學到知識，通過考試。大家都明白，這是不可能的。

　　人的時間在哪裡，結果就會在哪裡。人把時間和精力花在什麼地方，就會獲得相應的東西。如果花在玩上，通常會收穫一段回憶；如果花在讀書上，通常會收穫知識和遠見；如果花在工作上，通常會收穫事業。

第6章

技巧
讓學習變得簡單高效

　　學習需要投入大量時間,掌握住一些學習技巧,能讓投入的時間減少,達到事半功倍的效果。本書提供的學習技巧不限於西蒙本人應用的學習方法,還包括其他有助於學習的技巧。本章介紹的學習技巧涉及的原理大多在前文中有提到,綜合前文內容一起學習效果更佳。

6.1 案例學習法：從記資訊到真正掌握

西蒙認為，最好的學習方法是透過案例來學習。它可以訓練人們的邏輯能力和協作能力，不僅有助於更好地獲得知識，也能讓人慢慢地咀嚼和消化知識。

1987年，中國科學院心理研究所的朱新明教授及其團隊曾經做過一個實驗。朱教授讓一個班級用兩年時間學完了初中數學教學大綱規定的3年數學課程。與傳統教學方法不同的是，這個班級採用學習案例和解決實際問題的方式來代替老師講課。

實驗結果顯示，這個班級的學生在課程結束後的一學年之後，成績要略高於正常接受老師講課的課堂式學習的對照組學生。這說明了透過解決實際問題的案例式學習法是非常有效的。

西蒙的學習和研究正是以問題為主線。人的大腦傾向於解決問題，人們會因為問題而產生思考。

為什麼案例式學習法的效果更好呢？

因為這種方法並不是簡單地記憶資訊，而是將資訊直接應用在解決實際問題的過程中，不斷將學到的理論知識運用到案例當中。正是這種不同場景的應用，讓人的大腦不斷建構和重塑知識體系。

這就是為什麼學校的教材中，在知識的後面一般會加上

練習題，也是為什麼老師每天要出回家作業，讓學生應用白天學到的知識。把知識實際應用出來，更容易讓人理解和掌握知識。

很多同學很排斥做題目，覺得自己都會了，為什麼要做題呢？還有同學覺得，做題就是為了考試，目的性太強，失去了學習的意義。但其實並非如此，做題確實有助於考試，但做題本質上還是為了更好地學習，就算沒有考試，我們也應該做題。做題是從「記」到「會」，到「熟」，再到「巧」的關鍵一步。

1.記

學習的第1個階段是記。上課聽懂了，可能只是簡單地記了下來，形成資訊記憶。這是對知識最淺層的感知，屬於最低層級的「學會」。

也就是說，在這個階段，知識還沒有真正成為自己的，我們只是記住了老師說的或課本上寫的。這個階段我們只能拿公式、定理來硬套題目，通常還不能獨立解答。

這種狀態下，我們不僅沒有真正掌握知識，而且很難應付考試，因此需要去做題目，將知識轉化為技能。

2.會

學習的第2個階段是會。這時候我們能獨立解題，能夠將題目解答正確。

在解題過程中，我們將對公式、定理的使用形成經驗記

憶，知道這些知識是如何在題目中呈現的，發揮了什麼作用。

從這個階段開始，記住的公式、概念開始轉化為個人技能。但技能的掌握還不夠熟練，解題速度往往較慢，或者答案出現錯誤。

3. 熟

學習的第3個階段是熟。這一階段我們對解題技能已掌握得比較好，能夠應付一般難度的考試。

這時候，我們形成了方法記憶。解題時，我們不需要刻意思考公式和定理是什麼樣子，可以下意識地使用。

到達這個階段之後，我們就要利用錯題本來發現自己的知識盲區，使自己的技能向更高層次邁進。

4. 巧

學習的第4個階段是巧。一題多解，多題一解，舉一反三。這時候，我們形成了學習遷移，就是能將知識記憶應用到全新場景中。

其表現為，提出巧妙的解題思路，甚至能讓老師也歎為觀止。達到這個水準的同學，是少之又少的「學霸」。但達到這個水準的前提，當然是做大量的題目。

學校學習中一鳴驚人的黑馬可能存在，但比例極少，這種情況多是因為幸運，這種成功不可複製。更可靠的是投入大量時間去練習，逐步提升，直至到達「巧」的階段。這條路看似很長，卻是學習的捷徑。

6.2 關聯記憶法：最強大腦用的記憶法

一個人一口氣記住52張被隨機打亂順序的撲克牌，需要多長時間？

普通人只是想想都會望而卻步。2017年，在《挑戰不可能》節目上，當時讀大三的鄒璐建同學打破了當時20秒44的世界紀錄。他當時只用了17.593秒。同年年底，他在第26屆世界記憶錦標賽上，又以13.956秒的成績再次打破世界紀錄。他是如何做到的呢？

他用的是關聯記憶法。西方心理學中有個學派叫格式塔心理學（Gestalt Psychology）。這個學派研究發現，人們更容易記住具有關聯性的資訊。當人們把想要記憶的事物和自己熟悉的事物相關聯時，就比較容易在短時間內記住新的事物，而且不容易遺忘。

例如，某人想要出門買東西，可是要買的東西很多，這些東西之間又沒有什麼邏輯關係，如何用大腦快速記住這些想買的東西呢？這時候可以想像一下身邊已經熟悉的幾樣東西，如冰箱、櫥櫃、餐桌、衣櫃、床等。

接下來進行關聯，冰箱中缺什麼？櫥櫃裡缺什麼？餐桌上缺什麼？衣櫃裡缺什麼？床上缺什麼？並在此基礎上進行聯想，想像冰箱中、櫥櫃裡、餐桌上、衣櫃裡、床上放著這些所缺東西的狀態。也可以進一步和沒有放這些所缺東西的

畫面做比較，加深印象。

　　用這種方法，就比較容易記住出門想買的東西。

　　許多記憶高手採用的具體的記憶方法也許有所不同，但基本原理大致類似，都是把要記憶的新事物與已經熟悉的事物做關聯。

　　這種關聯方式的本質是建立起一條「通道」，把已經儲存在人的長期記憶中的資訊，與當前的新事物連接在一起。熟悉的事物，更容易喚起人們的回憶。

　　這裡有一個小技巧，關聯時運用「雷斯托夫效應」，可以記得更快、記得更牢。具體做法是在把「待記憶的新事物」和「已熟悉的事物」做關聯時，想像出來的畫面越獨特、越新鮮、越誇張、越不可思議，記憶的效果就越好。

　　知名魔術師劉謙曾在某視頻網站上發布一個關於「最強大腦」的魔術教學影片，他稱這個魔術為「超級記憶術」，實際上用的也是這種方法。

　　魔術內容是劉謙遞給工作人員一張白紙，白紙上有縱向排列的1～15的數字。劉謙要求工作人員在這15個數字的後面寫下15個名詞，然後要求工作人員寫完之後不要給他看，而是從第1個名詞到第15個名詞逐個唸出來給他聽。工作人員在白紙上寫下的內容如下：

　　1.西瓜

　　2.酒杯

3. 蠟燭

4. 香水

5. 玫瑰

6. 女孩

7. 草莓

8. 香蕉

9. 衣服

10. 皮包

11. 金錢

12. 襪子

13. 男孩

14. 燈泡

15. 酒水

接下來，劉謙請工作人員隨便說一個數字。

工作人員說「8」，劉謙脫口而出「香蕉」；工作人員說「12」，劉謙回答「襪子」；工作人員又說「4」，劉謙很快說出「香水」；工作人員再說「3」，劉謙很輕鬆地回答「蠟燭」。最後，劉謙把白紙上的內容背了一遍給工作人員聽，結果全部正確。

在教學環節，劉謙說出了這套記憶法的祕密。

第1步，設標籤。

劉謙的做法是先在心中設置標籤，每個標籤都要和數字

編號相關聯。這個標籤是不輕易改變的，是自己獨有的，可以根據自身的喜好或習慣來設置。

以短時間內記憶10樣東西為例，他在心中給1～10的數字設置的標籤如下：

1. 衣服

2. 鵝

3. 山

4. 痣

5. 舞

6. 柳丁

7. 漆

8. 喇叭

9. 酒

10. 石

劉謙說設置這個標籤主要是根據諧音，每個數字的發音都和標籤事物的發音類似，這樣有助於自己記憶數字和這10樣東西的關聯。

設置好標籤後，要先讓自己記住這10樣東西。

第2步，寫名詞。

要求某人隨便寫10個名詞，並逐一念出來，以剛才工作人員寫下的內容為例。

1. 西瓜

2.酒杯

3.蠟燭

4.香水

5.玫瑰

6.女孩

7.草莓

8.香蕉

9.衣服

10.皮包

第3步，做關聯。

當某人逐一唸出自己寫下的10個名詞時，劉謙便在大腦中將其和自己設置的標籤做關聯。在給兩者做關聯時，要發揮自己的想像力，儘量用誇張、獨特、鮮明、搞笑，甚至荒謬的方式想像兩者結合在一起時的畫面。畫面越獨特，視覺衝擊力越強越好（雷斯托夫效應）。

例如，我們可以這樣想像畫面：

1的標籤是衣服，某人寫下的是西瓜，可以想像一個西瓜穿上了衣服。

2的標籤是鵝，某人寫下的是酒杯，可以想像一隻鵝的頭塞在酒杯裡拔不出來。

3的標籤是山，某人寫下的是蠟燭，可以想像蠟燭多到堆成了一座山。

4的標籤是痣，某人寫下的是香水，可以想像香水瓶上有一顆很大的痣。

5的標籤是舞，某人寫下的是玫瑰，可以想像玫瑰花在舞池中跳舞。

6的標籤是柳丁，某人寫下的是女孩，可以想像一個少女在瘋狂地吃柳丁。

7的標籤是漆，某人寫下的是草莓，可以想像在草莓上塗上油漆。

8的標籤是喇叭，某人寫下的是香蕉，可以想像樂隊中吹喇叭的人正在吹香蕉。

9的標籤是酒，某人寫下的是衣服，可以想像一個人把酒瓶當衣服穿。

10的標籤是石，某人寫下的是皮包，可以想像一個人原本該背皮包，卻背了個大石頭。

運用這個記憶方法，給更多的數字設置標籤，就可以在短時間內記住更多的資訊。

6.3　延伸記憶法：學得又多又快的方法

很多人覺得，記憶的資訊越少越容易記住，於是每天嚴格限制自己記憶的資訊量。這個道理乍聽之下是對的，但實

際上是錯的。當記憶的資訊彼此之間有比較緊密的邏輯關係時，多記憶一點，反而能加深對當前資訊的記憶，記得更多。

我們要對一個知識點進行深度挖掘，了解知識點背後蘊藏的更多內容。對於學生來說，即使這些內容不在考試範圍內，也可以幫助當下所學知識的學習和理解。

因為學習這些周邊的內容，不僅能讓學習的知識不再乾巴巴的、沒有意思，而且能幫助我們掌握知識的脈絡。

進行知識上的延伸是為了更好地理解。理解得越深刻，也就記得越牢。

不懂得深度理解記憶，可能連一個英文單字都很難記住。懂得做延伸記憶，反而可以很快記住很多個英文單字。

例如，鐵匠的英文是Smith。Smith常用作英文姓名的姓氏，譯為史密斯。很多人平時對Smith這個單字的記憶也僅限於「史密斯」這個姓氏。

假如死記硬背鐵匠的英文是Smith，似乎並不容易記住。這時候可以延伸一下，為什麼鐵匠的英文是Smith呢？

因為鐵匠靠擊打鐵錘來加工東西，而擊打的英文是Smite。原來在英文中，表示擊打的Smite和表示鐵匠的Smith之間有這樣的聯繫。這還沒完。

鐵匠不僅是打鐵的，還可以加工很多不同的金屬，於是鐵匠有了分類，不同的工匠加工不同的金屬。專門打黑黑的

鐵的鐵匠的英文是 Blacksmith，加工白色錫的錫匠的英文是 Whitesmith。

再後來，鐵匠做為打鐵工匠的含義不斷拓展，某詞＋smith 也逐漸可以代表別的領域的工匠，如延伸出專門用文字寫文章的作家 Wordsmith。

挖掘 Smith 這一個單字背後的內容，就可以同時學習、理解和記住 Smite、Blacksmith、Whitesmith、Wordsmith 四個單字。記住這四個單字，就更容易記住原本的一個單字。

西蒙的學習也是延伸開來的，這是他能夠涉獵很多領域並都取得成功的關鍵。

西蒙說：「我涉獵廣泛，從政治科學、公共管理，到經濟學和認知心理學，再到人工智慧和電腦科學，順便還領略了科學哲學的風光。有時候，我同時投身至少兩個領域的工作。我的興趣核心在決策和解決問題，它使我去研究科學發現的心理過程，這項研究進而使我在更廣泛的自然科學領域裡探索，尤其是數學、物理和生物學。這些足跡遠遠超越了前面介紹的學科範圍。」

在成年人的工作、學習中，延伸學習法也可以用來開闊眼界和思維，讓自己打破認知的邊界，見識到更廣闊的世界。

一個人的認知建構了他所理解的世界，人通常不會主動改變自己的認知。如果個人認知與他人認知或事實現象沒有

產生任何衝突，那麼，這個以個人認知為基礎所建構的認知世界就永遠不會被打破。

例如，某農民原本認知的世界就是種田、收穫，等商家上門來收貨。他認為農民就該這樣生存。可是他經常遇到種出來的農產品滯銷的問題。忽然有一天，他發現隔壁村的老王也是農民，但老王在網路上開店、做自媒體，不僅自己的農產品不愁賣，還能幫隔壁村的好多農戶銷售農產品。

這時候，該農民原本的認知被打破了。到這時候，他才會重新建構自己的認知。如果沒有隔壁村老王的出現，他依然會覺得農民就應該老老實實種田，不這樣的都是投機取巧之輩。但是，老王的出現讓他不再這麼認為了，他甚至產生了向老王學習的想法。

6.4 兩頭記憶法：避免干擾的記憶方法

西蒙曾經提到過一個實驗，有人讓實驗對象去學習12個毫無意義的音節。結果發現，多數人更容易先學會第1個音節和最後1個音節，中間的音節不僅學得很慢，而且出錯也比較多。也就是說，多數人的記憶呈現出兩頭好、中間差的情況。

遺忘曲線的提出者，德國心理學家艾賓浩斯發現，記憶

之間存在相互干擾，尤其是在記憶類似的資訊時。

這種干擾分為兩種：前攝干擾和倒攝干擾。前攝干擾是指舊資訊的記憶會干擾對新資訊的記憶；倒攝干擾是指新資訊的記憶會干擾對舊資訊的記憶。

記憶互相干擾的原理是什麼呢？

假如我們每天晚上都在家裡吃飯，如果不是刻意去記，通常很難記住前天和昨天晚上吃過什麼。因為這兩段記憶具有接近的時間點、相同的地點、相同的人（家人）。但如果前天晚上是和同學一起去某高級餐廳聚會吃的飯，就比較容易記住。

人們更容易記住兩端的內容，這對學習有什麼啟示呢？如何應用這種效應呢？

1. 分段學習

每個人的精力有限。大部分人集中注意力的持續時間只有30分鐘左右，甚至有的人更短。一旦超過這個時間，就會出現「開頭努力」、「結尾努力」、「中間鬆懈」的現象。要應對這種情況，除了平時要練習和提升專注力外，還可以運用「上下半場策略」。

拿聽課舉例，一節課有45分鐘，可以將其一分為二，前面20分鐘為上半節，後面25分鐘為下半節，類似於足球比賽分為上下半場，中間有中場休息時間。這樣，一節課的上下半場就有2個開頭和2個結尾，等於壓縮了中間部分。

我們可以將上半節的前 10 分鐘設置為開頭，中間 5 分鐘設置為過渡，後 5 分鐘設置為結尾。將下半節的前 5 分鐘設置為開頭，中間 10 分鐘設置為過渡，後 10 分鐘設置為結尾。

開頭和結尾的時候要集中注意力認真聽課，過渡的時候如果老師講的內容自己很熟悉，可以主動地稍微放鬆一下，然後再認真聽課。

一節課 45 分鐘，有 30 分鐘是全神貫注地高效率聽課，有 15 分鐘屬於過渡。這樣就能夠讓記憶效果和注意力集中程度都變得更好了。

2. 擇時記憶

選擇記憶的時間也很重要。例如，睡覺前和起床後就是兩個非常好的記憶時間點。

筆者當年學英文時，老師說單字是英文的重點。那時筆者不懂字根，也不懂記憶方法，背單字全靠死記硬背。

筆者每天專門抽 1 個小時——上午半小時、下午半小時，各背 20 個單字。結果背了後面忘了前面，複習時發現沒記住幾個。那時感覺很絕望，覺得自己學不好英文了。

有次筆者躺在被窩裡睡不著，不甘心，又拿起書複習一遍單字。第二天早上再背單字時，筆者驚奇地發現，晚上背的單字竟然記得八九不離十。

多年後，筆者才明白這背後的道理。上午和下午集中背單字，結果就是上午的記憶干擾下午的，下午的記憶干擾上

午的，花了時間，效果卻不好。學校每天安排不同的學科學習，實際上也是為了避免記憶相互干擾。

從避免記憶相互干擾的角度來看，「睡覺前」和「醒來後」是兩大記憶黃金時段。

馬上要睡覺了，不受倒攝干擾的影響，更容易記憶。早晨起床後，不會受前攝干擾的影響，記憶新內容或複習都會比較容易。另外，睡眠過程中記憶並未停止，大腦會對接收的資訊進行歸納、整理、編碼、儲存。

睡前這段時間非常寶貴，是學習的好時機，盡量少聊天、少玩手機。筆者建議讀者朋友們晚上睡覺前，快速翻看一遍白天學習的重點內容，或翻看一遍錯題本，然後快速進入睡眠狀態，這樣效果最好。早上醒來，再重複一遍睡前複習的內容。

如果要記憶的組塊中間更重要，兩頭不重要，如何避免人們更容易記住兩端的效應呢？

有個實驗，它是把一排不規律字母的中間字母印成紅色，把兩頭的字母印成黑色，結果發現人們更容易記住中間的字母，而非兩頭的字母。

這一點很像是蘇聯心理學家海德薇·馮·雷斯托夫（Hedwig Von Restorff）所提出的雷斯托夫效應（Restorff Effect）：人們更容易記住特殊的、獨特的事物。

實際上，還有個實驗顯示，當人們把注意力刻意放在某

個組塊上重點記憶時，那個組塊的記憶效果自然會更好。所以兩頭記憶更好的效應實際上可以透過主動轉移注意力的方法來避免。

如果不想只記住兩頭，也不想只記住中間，想記住全部資訊，怎麼辦呢？

進一步的實驗顯示，人們在記憶的時候，會傾向於將中間的組塊和兩頭的組塊做關聯，如果兩者恰好具備某種關聯性，則更容易記住中間的組塊；如果沒有任何關聯性，則不容易記住中間的組塊。

例如，當人們記憶A、B、C、D、E、F這6個組塊時，傾向於將B組塊和C組塊與A組塊聯繫在一起，分別尋找B、C組塊與A組塊之間的關聯性；也會傾向於將D及E組塊與F組塊聯繫在一起，分別尋找D、E組塊與F組塊的關聯性。

所以在記憶時，如果能讓組塊之間形成某種邏輯關係，就更容易記住所有的組塊。

6.5　情緒記憶法：動用感知，學得更快

前文提到過運用情緒激發行動的原理。實際上，情緒不僅和人的行動有關，還和人的記憶有關。很多人記不得多年前某件事的具體細節，卻能記住當時的某種情緒，當時的情

緒越激烈，情緒與事物的關聯越緊密，記憶就越深刻。

　　情緒記憶（Emotional Memory）也叫情感記憶，最早是由「法國現代心理學之父」李波特（Theodule Ribot）提出的。情緒記憶的含義是，當某件事給人帶來強烈且深刻的情感體驗時，這種情感體驗引發的情緒會長期留在人的頭腦中。在回憶時，不僅事件會出現，事件對應的情緒也會出現。

　　美國心理學家基斯・佩恩（Keith Payne）也曾研究過情緒記憶。佩恩發現，情緒記憶是人類最難刻意忘掉的一種記憶。《實驗社會心理學》雜誌針對情緒記憶也發表過一篇文章，指出情緒記憶是一種「越想忘掉越忘不掉」的記憶。

　　情緒記憶在表演藝術和文學創作中起著重要的作用。許多優秀的演員並不是透過死記硬背來背台詞，不少角色的台詞動輒上萬字，如果只靠死記硬背，不僅記得慢，而且可能記錯。好演員記台詞會先讓自己進入角色，體會角色在場景中的情緒感受，這時候再配合台詞，記憶就變得簡單了。

　　筆者有個朋友是網路作家，他說自己一個人憋在屋子裡時，一點寫作靈感都沒有。人生第1次感覺寫作靈感爆棚是在他開始談戀愛時，他覺得自己找到了一生摯愛，於是一口氣寫出了一部結局圓滿的愛情小說。

　　第2次寫作靈感湧現是在見對方的父母時，他發現對方的父母對自己並不滿意，他覺得自己被羞辱了，也隱隱察覺

到了危機。這種情緒無處發洩，於是他一口氣寫出了一部男主角從「小白」逆襲成為CEO的職場勵志小說。

第3次寫作靈感爆發是在他和這個女朋友分手時。他們一起經歷了不少風風雨雨，已經論及婚嫁，最終卻沒有走到一起。他感到無比的失望、悲憤，於是一口氣寫出了一部淒美、悲傷的愛情小說。

情緒記憶法同樣可以運用在學校的學習中。

上學時，身邊總會有一兩個特別會「臨時抱佛腳」的人。老師馬上要檢查背課文了，這些人看一遍課文，就能流暢地背下來；明天要考試了，今天才開始複習，卻能取得好成績。

平時也沒見這些人在別的事上聰明過人啊？他們是怎麼做到的呢？答案很可能是這些人善於利用情緒加深記憶。

我們的情緒是由大腦的杏仁核管理的。它只有小指指甲那麼大，卻掌控著我們的喜悅、悲傷、焦慮、內疚等各種情緒。

在遠古時代，能夠引發情緒波動的事情都很重要，如找到美味的食物、被野獸追捕等。只有記住這些事情，才能更好地生存下來。

因此，大腦中負責記憶的海馬體就和杏仁核建立了連動關係。如果一件事啟動了杏仁核，那麼海馬體就會認為它很重要，值得記憶。

　　那些特別擅長「臨時抱佛腳」的同學很可能是利用考前的焦慮情緒，提升記憶能力，一下子記住大量知識。

　　這就是為什麼我們很容易記住那些讓我們開心或悲傷的故事。所以，我們可以利用情緒加深記憶。記憶時，不要悶頭死記，可以和自己的情緒聯繫起來。

　　例如，數學公式背不起來，可以想像數學老師滿臉通紅、怒髮沖冠給你講數學公式的樣子。

　　單字記不住，可以給每個單字編一個驚心動魄的故事。例如，記憶Cheetah（獵豹）的時候，想像一隻獵豹在你屁股後面追你。

　　歷史事件的時間記不住，可以想像當時的場景。例如，記憶項羽烏江自刎的時間，就想像你是項羽，站在冰冷的烏江邊，孤身一人，拿著寶劍在河邊寫：西元前202年。

　　只要我們把情緒帶入記憶的過程中，杏仁核就會告訴海馬體，這個內容很重要，需要記住。這時，海馬體就會加緊工作，將知識印刻在大腦中。這樣，我們就借助情緒加深了記憶。

6.6　費曼學習法：深刻理解，融會貫通

　　理查・費曼（Richard P. Feynman）是1965年諾貝爾物理

學獎得主，也是20世紀最傑出的科學家之一。很多人覺得，費曼一定是個智商超群的天才。實際上，費曼的智商稱不上超群，只比普通人高一點。他的成就主要來自他有一套獨特的學習方法。這套方法，被後人稱為費曼學習法。

費曼不僅在科學領域有所建樹，他還是個通才。他自學了繪畫，匿名將作品放在一個專業畫廊裡，賣了一個好價錢；他也是在巴西國家級森巴舞遊行上表演的敲鼓高手。

為什麼他能成為不同領域的高手呢？

答案是與西蒙一樣，費曼也有一套屬於自己的學習方法——費曼學習法。

費曼學習法的核心原理是輸出倒逼輸入。

人生有兩件重要的事，一件事是輸入，另一件事是輸出。輸入指那些能擴充自己的知識體系，能讓自身變強的事，如學習、健身、禪修、冥想等。輸出指那些能增加自身價值的事，如教學、創業、工作、開展副業等。

人性決定了大多數人不愛學習，如果能閒著，很少有人願意讓自己忙碌起來。因為輸入的過程一定是艱苦的。學習過程不僅艱難，而且人們很難抓住要領，不知道自己是不是真正在學習。有沒有辦法讓自己持續輸入，持續學習，而且能學好呢？

費曼學習法就是用輸出來倒逼輸入。輸出倒逼輸入的基本原理是，不是因為自己要輸入，所以要輸入，而是因為自

己要輸出，所以要輸入。要輸出是一件既定的事，輸出必然需要輸入，沒有輸入，就無法輸出。因為要輸出，人的所有精力都會放在輸出上，會讓輸入變成一件自然而然的事。

要想快速、深刻地學習和理解某事物，最好的辦法就是嘗試將它教給別人。教別人知識能促進自己學習，嘗試教別人是非常好的學習方法。這正是所謂的教學相長。

費曼說：「只有發現自己能教別人時，才代表自己真的學會。如果沒辦法把一個知識簡化到讓大一的學生也能聽懂，這代表我自己也沒真正搞清楚。」

教學相長是放諸四海皆準的道理，西蒙有過很長的教學生涯，他說自己在教學期間，學到的內容比學生學到的更多。

很多人會有這樣的體驗，當自己剛知道某件新鮮事時，覺得很有趣，很想向身邊的人描述這件事，讓身邊人也能感受到這件事的有趣之處。

然而到自己真要表達這件事的時候，卻發現詞不達意，語言前後不連貫，甚至漏掉了很多細節，結果讓身邊的人對這件事毫無感覺。

一開始有向別人傳達的衝動，是以為自己學習並理解了那件事，具備把那件事表述清楚的能力。後來實際表達時自己說不清楚，才發現自己根本沒搞懂這件事。

透過教別人，人們不僅可以檢驗自己有沒有真正搞懂某

件事，而且更容易發現對於這件事自己哪裡沒弄清楚，更容易發現自己的盲區，同時還可以促進自己精準定向地、主動自發地學習。這就讓原本來自外部的、被動的學習變成來自內部的、主動的學習。

由外向內學習，是被動地獲取資訊，被動地接受資訊；由內向外學習，是主動地搜集資料，主動地學習和完善自己的知識體系。

有一對農民夫婦，他們的文化水準都不高，因為兒子學習不好，不喜歡讀書，本來不準備讓兒子繼續上學了，要不是因為兒子年齡不夠，他們都打算送孩子去工廠打工了。後來村主任知道了這事，給他們曉以大義，這對夫婦才願意把孩子送去學校繼續讀書。

丈夫心疼交的學費，要求孩子每天把在學校學的東西講給自己和他媽媽聽，這樣相當於花1份學費，教了3個人。

兒子一開始很抗拒學習，後來變得越來越喜歡學習，再後來成績越來越好，最後考上了清華大學。

夫婦的兒子並沒有過人的智力水準，一開始也沒有學習的興趣，但為什麼後來面對相同的知識，他總是學得比別人更快呢？原因是這位父親無意中讓兒子掌握了費曼學習法。

筆者也有類似的學習體驗。

筆者剛開始學歷史時學得很不好，因為那時錯誤地認為學歷史就是要背下每一個歷史事件發生的時間，把歷史當成

了一門毫無規律、純靠死記硬背的學科。

筆者的爺爺以前是紅軍戰士，是老黨員，參加過抗日、抗美援朝。戰爭在他身上留下了無數傷疤，他的一隻眼睛曾在戰爭中被炸傷而摘除。爺爺本身就喜歡歷史，很關心學校的歷史課都教些什麼。他也很想知道當年自己參與過的那些戰役，在歷史課本上是怎麼說的，於是總拉著筆者問。

筆者一開始敷衍地回答說也沒學什麼，就是哪年發生了什麼事，如1950年抗美援朝。

爺爺說：「等等，1950年抗美援朝？然後呢？」

筆者說：「然後我哪記得住，那些又不考。考試只考1950年。」

爺爺翻看了筆者的課本，對筆者的回答很不滿意，狠狠地訓斥了筆者。

他說：「當年那麼多革命先烈浴血奮戰，獻出了自己最寶貴的生命。你生活在和平年代，可以安心地學習，應該感到幸運和感恩。那麼多先烈用生命譜寫的壯烈故事，到你這裡就只是一個年份？虧你還是我這個老紅軍的孫子！」

爺爺的話不僅讓筆者感到羞愧，讓筆者深刻理解了歷史這門學科的意義，而且讓筆者發現了學好歷史的方法。

筆者每過一段時間，就會把學到的歷史知識講給爺爺聽。爺爺發現有不對之處，會予以糾正。他還會給筆者講很多他親身經歷的事，讓筆者仿佛親身經歷了一般，筆者對歷

史事件的理解也更深刻了。

　　以前學歷史只記憶時間和事件，總是記不住。現在可以大段講述歷史故事，反而記得很深刻。當筆者發現分享的魔力後，也經常在學習別的學科時主動分享，這讓筆者其他學科的成績也非常不錯。

　　為什麼教別人反而會讓自己學得更好呢？

　　因為教別人的同時，能夠幫助自己梳理知識脈絡，發現自己在哪些方面存在問題。很多時候，我們只是以為自己知道，其實自己不完全知道。

　　要想把某個知識用最簡單、最通俗的語言講出來，讓從來沒有接觸過這個知識的人能夠很快聽得懂，既能讓10歲小孩聽得懂，也能讓90歲的老人聽得懂，前提一定是自己要先深刻理解、融會貫通，然後才能深入淺出地講出來。

6.7　競爭學習法：學習的路上不再孤單

　　筆者曾經在自己的公司推行微課（微型課程）學習，鼓勵大家利用碎片時間學習。剛開始只是宣導，但發現很多員工不買帳。畢竟是成年人，他們怎麼會輕易聽別人的安排，而且由於缺乏內在動力，拖延的情況隨時都可能出現。後來筆者在公司引入了競爭機制，結果大家紛紛行動起來。

　　筆者將微課學習的時間設置為不超過15分鐘，大約每週一次，全年共50次。每期微課結束後，會有相應的培訓評估作業，根據培訓內容的不同，有時是制定計畫方案，有時是考試，有時是提出合理化建議，有時是寫感想。

　　按照要求完成一次微課課程及評估作業的人，可獲得培訓學分1分。在微課群內分享行業、產品以及管理等相關知識供大家學習與探討的，一次獎勵培訓學分0.2分。年終累計的培訓學分將按照5：1的比例兌換成績效考核得分。

　　筆者公司是按照年終績效考核得分來分配績效獎金，以中層管理者為例，在類似崗位、相同職等職級、年終績效考核其他項得分一樣的情況下，如果A全年每週都參與微課學習，B從不參與，那A的績效考核得分將比B高10分。根據每年獎金池的不同，換算成績效獎金，A大約會比B的獎金高3000～5000元。

　　這是運用正激勵的原理，B如果不想接受微課培訓，公司不會罰他，也不會逼他。但是，A在進步，公司會獎勵A。不患寡而患不均，這時候B也多半會行動起來。B會想，公司表面上沒有罰他，但年底A因為比他得分高而多得的獎金，其實有一半「原本應該」是他的。

　　後來，筆者公司每期微課的參與率都在95%。筆者推廣微課成功的經驗也得到了許多其他公司和諮詢機構的一致好評。

當一個人學習沒有動力時，引入一個競爭者，他就會自然而然產生學習的動力。就像是一個人在慢跑時，本來有自己的節奏，可是當有人的速度快超過自己時，他會不自覺地加快腳步。管理中的「鯰魚效應」，也是類似的原理。當內部動力不足時，可以向外求。

競爭學習法在學校的學習中也同樣適用。在腦海中設置一個比自己更優秀的競爭對手，能夠給自己帶來學習的動力，促使自己不斷追趕競爭對手，超越對方。

競爭對手可以放在心裡，也可以公開。當然，公開競爭對手，最好不要簡單地讓自己與對方對立，而是可以和對方一起成立學習小組，成為夥伴，在學習小組內部建立一種學習氛圍，相互競爭，相互促進。

高中時，筆者與兩個熱愛學習、志同道合的朋友一起組成了學習小組。我們3個人經常一起做作業，一起交流問題，筆者從中受益頗多。

除了透過競爭促進學習外，組成學習小組還有什麼好處呢？

1. 獲得討論機會

討論有助於加快對所學知識的理解和記憶速度。討論的過程是不斷聽和說的過程。我們每聽到一個知識點，都是一次輸入，都能對已掌握的內容進行一次複習。

同伴們每次講的時候都有具體的場景、語氣和表情。這

會讓我們的記憶包含更豐富的資訊，記憶效果遠好過背誦和做題目。

在小組成員水準很接近的情況下，每個人都有表達的機會。而我們自己每說出一個知識點，都是一次輸出。

在輸出時，我們會對記憶進行檢索，然後進行思考和整理。這可以加深我們對知識的理解。如果我們的理解有問題，同伴們也會第一時間指出來。

2. 獲得情緒價值

在日常生活中，我們總會遇到一些不開心的事情，需要找人傾訴，但有些事情不方便對家長和老師說。這時候，我們就可以對同伴說。

在學習過程中，我們都會遇到低迷的階段。在這個階段，如果能夠獲得別人的鼓勵，就可以減少對當前功課的負面影響，並儘快走出這個狀態。

畢竟同一個學習小組的同伴長期待在一起，很容易發現其他人的情緒問題。

3. 獲得更高效率

多個人一起做同樣的事，大家會不自覺地比賽競爭，從而整體提高做事效率。

高中上自習課時，大家一起寫作業，總會比誰寫得又快，正確率又高。大學跑步的時候，筆者自己跑3000公尺，要用15分鐘；而和同學一起跑，只要14分鐘多一點。

這類現象被稱為「社會促進效應」。畢竟每個人心裡都是要強的，不想表現得比別人差。同伴們的水準都差不多，每個人都會想：只要我努力，就不會落後，甚至會超出別人一點點。

這樣不僅會提高效率，還會養成良好的習慣——不拖延。

學習小組的價值是多方面的。它不僅可以幫助我們透過討論鞏固所學知識，還可以為我們提供更多的情緒價值，讓我們以更高效率完成學習任務。

有機會的話，可以嘗試找幾位志同道合的夥伴組成學習小組，一起進步。

6.8 番茄工作法：科學地規劃和安排時間

很多人有這樣的學習體驗——專心學習兩小時後，感覺精力不足，只想休息；休息了一段時間後，覺得好像還是力不從心，不想再做與學習有關的任何事，也很難再次進入專注的狀態。這實際上是透支專注力的表現。

專注力就像體力。當人們耗費了體力後，需要休息一段時間來恢復。專注力也是一樣，當人們在一段時間內保持專注後，也需要一定的時間來恢復。當人們專注某事時，每隔

一段時間，就應該主動休息，讓大腦得到充分放鬆。這樣做有助於下一階段專注做事。

番茄工作法就是一種持續專注、定時休息，保證持續用好專注力的方法。當人們有大段時間可以自由支配用來學習時，可以採用番茄工作法。

番茄工作法的原理是把25分鐘左右的時間作為一個番茄時間。在一個番茄時間內，專心完成某項學習任務，保持最強的專注力，過程中不做任何與完成學習任務無關的事，不被任何事打擾。每個番茄時間結束後，休息3～5分鐘。然後再進入下一個番茄時間。

運用番茄工作法學習，可以採取如下步驟。

1. 決定學什麼

運用番茄工作法學習的第1步是確定學習目標和學習任務，這也是西蒙學習法的關鍵環節。有了目標和任務，便於規劃在不同的時間需要完成的具體學習任務，以便確定要用多久的時間達到學習目標。

例如，對學生來說，可以訂下今天一天之內要做完多少題物理、多少題數學，背誦多少篇語文課文等。

2. 分配學習任務

確定了目標和任務後，需要將學習任務納入番茄時間中。一個番茄時間大約是25分鐘，所以每個番茄時間裡分配的學習任務應該與這個時間相符合，不能難度過大，設定難

以完成的學習任務；也不能毫無難度，設定太容易完成的學習任務。

例如，對學生來說，可以設定第1個番茄時間，做完1題物理題和2題數學題；第2個番茄時間，背誦1篇語文課文。

3. 設置提醒

接下來要設置鬧鐘提醒自己，讓自己嚴格按照規劃好的番茄時間來執行，該休息時就休息，該專心學習時就專心學習。我們可以將時間訂為25分鐘。這裡需要注意，25分鐘並不是固定的，根據學習任務量的不同，我們可以將番茄時間訂為20～40分鐘。

4. 開始實施，避免干擾

開始學習時，開啟鬧鐘，全身心地投入學習任務，並要避免被周圍環境干擾。避免干擾需要提前做好準備。為了避免被手機打擾，可以將手機放遠。為了避免被家人打擾，可以提前和家人協調好。

5. 間歇休息

當一個番茄時間結束時，休息3～5分鐘。休息時要全身心放鬆，不要再想學習的事，期間可以走動、喝水。注意，休息期間最好不要玩手機，不然很容易超時。

6. 持續循環

休息時間結束後，設置下一個番茄時間，完成下一個學

習任務,如此不斷循環,直至完成最後一個學習任務。

如果學習任務較多,可以在每3～5個番茄時間結束後休息20分鐘左右。

用番茄工作法學習,我們不僅可以科學地規劃學習時間,而且能夠保持專注力,實現高效學習。

運用番茄工作法最容易在以下3個環節上出問題,運用時應特別注意。

1. 規劃不準確

有的人在運用番茄工作法學習時,對自己的學習能力和待學習的內容認知不清,眼高手低,覺得自己在25分鐘內能學會,但其實時間不夠。有時候勉強在25分鐘內完成了資訊記憶,但遠遠達不到學會的程度。

針對規劃不準確的問題,一開始可以不要制定過於宏大的規劃。例如,對於一些並不熟悉的知識,不必一下子制定一天的學習規劃,可以先設置25分鐘的學習任務,透過小步慢跑式的不斷嘗試,找到合適的學習節奏。

2. 中途打斷

有的人在運用番茄工作法學習時,會被意想不到的外界事物打斷。例如,聽到隔壁有說話的聲音,就想聽一下隔壁在說什麼;樓上孩子玩鬧發出聲響,就有些心煩意亂;無意間從窗戶看到外面有人在遛狗,一下子被狗狗所吸引。

針對中途打斷的問題,我們要提前做好心理建設,管住

自己的注意力，控制自己的好奇心。既然番茄工作法強調學習過程中的專注，就不可以輕易被打斷。

3. 過度休息

有的人在運用番茄工作法學習時，到了休息時間，便拿起手機看短影片。原本以為一個短影片只有幾分鐘或幾十秒，5分鐘休息時間能看好幾個短影片，結果一開始看就停不下來，不知不覺就過了一個小時。

針對過度休息的問題，要提前做好休息時間的規劃，訂好時間限制。最好規定休息期間什麼可以做，什麼不可以做。最好不要看手機，如果要看就提前訂好規則。特別想看短影片也不是不行，但同樣應該設定鬧鐘，休息時間到了就不能再看。

6.9 康乃爾筆記法：讓筆記發揮大作用

如何高效做筆記呢？

目前較好的高效筆記方法是康乃爾筆記法。康乃爾筆記法（Cornell Note Taking Method）是康乃爾大學教授沃爾特·波克（Walter Pauk）提出的。康乃爾筆記法透過將筆記本分成3個區域，分別記錄筆記內容、線索和總結，來完成筆記的記錄和使用。康乃爾筆記形態如圖6-1所示。

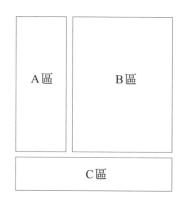

圖6-1 康乃爾筆記形態

使用康乃爾筆記法做筆記的步驟如下：

1. 先用B區

使用康乃爾筆記法時，要先用B區。B區記錄的筆記內容就是重點知識或難點知識。在B區做記錄時，要注意以下3點。

（1）列明要點。B區的筆記內容應當分門別類，有一定的條理性和邏輯性。相同的或相似的內容應該記錄在一起，相關性不強的內容可以在不同頁記錄。

（2）言簡意賅。做筆記並不是把所有看到或聽到的重點內容原封不動地記下來。做筆記應當言簡意賅，盡量使用符號或縮寫，縮短筆記的篇幅。

（3）留有空間。筆記中的每個要點應當形成段落，要點

之間應當留有一定的空間，一來是為了好區分，二來是為將來做筆記內容的補充時留有餘地。

2.再用A區

用完B區後，再在A區做B區內容的整理歸納，用關鍵字或標籤化的方式與B區不同段落的內容一一對應。A區的內容有三大作用。

（1）複習。用手或紙張蓋住B區的內容，只看A區的關鍵字或標籤，回憶B區的主要內容。當看到A區內容能夠完整無誤地回憶並講出B區的主要內容時，代表已經掌握了知識。

（2）檢索。A區因為記錄著關鍵字或標籤，所以可以用來快速檢索知識，而不必完整地看完B區記錄的所有內容。

（3）梳理。A區的關鍵字或標籤有助於梳理知識結構，可以直接放在心智圖中，作為對知識體系的歸納。

3.最後用C區

C區的作用主要有以下3點。

（1）重點複習。C區可以記錄整頁筆記中最重要的內容，也可以對重點內容做進一步的補充或延伸。複習時，可以跳過B區中已經掌握的知識，重點看C區的知識。

（2）難點突破。C區可以記錄目前還沒有掌握好的難點知識。這些難點知識可能比較難記憶，可能經常記錯，需要多次複習。

（3）總結思考。對於同一個知識，人們在不同時期的思考深度和認知維度是不同的，C區可以用來做知識的拓展，記錄更多的總結思考。

對學生來說，可以把康乃爾筆記法與課上、課下不同階段的學習連在一起。傳統筆記更多是記錄老師講解的內容，屬於被動學習。在複習時，我們經常需要重新總結，並記錄感想。這時，我們往往受限於筆記空間，需要重新謄寫筆記，費時費力。康乃爾筆記法則能夠比較好地解決這些問題。

劃分好空間後，可以按照以下5個步驟應用康乃爾筆記法。

1. 記錄內容（Record）

上課時，首先在B區中記錄內容。記錄時要保證各類重要知識點和新知識點的完整性，避免對後面的步驟造成影響。

2. 簡化內容（Reduce）

下課後，對B區內容進行整理，快速複習課上所學內容。整理過程中應提煉核心知識點，將關鍵字、標籤寫到A區中。這個過程可以讓我們對課上所學知識進行一次快速鞏固，如果發現有不明白的地方，還可以及時向老師和同學請教。

3. 背誦內容（Recite）

睡覺前，對照筆記複述一次。複述時，用手蓋住B區，然後看著A區，回顧課上講解的內容。這個過程能讓大腦重新梳理一遍當天所學的知識。這樣，大腦可以利用睡覺時間對知識進行進一步加工，儘快將知識轉化為長期記憶。

4. 思考內容（Reflect）

在簡化內容和背誦內容的過程中，我們經常會有自己的思考和感想。對於這些內容，我們需要及時記錄在C區中。如果發現新的困難和問題，也可以記錄在這裡。這樣可以避免因忘記而造成問題的遺漏。

5. 複習內容（Review）

對於每節課的筆記，我們都需要定期複習。例如，我們可以以第2天、週末、月底的時間週期進行多次複習。

複習時，我們首先用手蓋住B區，利用A區的關鍵字回憶每個知識點；然後再查看B區內容，檢查是否有偏差和遺漏；最後，查看C區中的問題，確認問題是否已解決，並做進一步的修正或補充。

書　號	書　　　名	作　　者	定價
QD1001	想像的力量：心智、語言、情感，解開「人」的祕密	松澤哲郎	350
QD1002	一個數學家的嘆息：如何讓孩子好奇、想學習，走進數學的美麗世界	保羅・拉克哈特	250
QD1004	英文寫作的魅力：十大經典準則，人人都能寫出清晰又優雅的文章	約瑟夫・威廉斯、約瑟夫・畢薩普	360
QD1005	這才是數學：從不知道到想知道的探索之旅	保羅・拉克哈特	400
QD1006	阿德勒心理學講義	阿德勒	340
QD1008	服從權威：有多少罪惡，假服從之名而行？	史丹利・米爾格蘭	380
QD1009	口譯人生：在跨文化的交界，窺看世界的精采	長井鞠子	300
QD1011	寶塚的經營美學：跨越百年的表演藝術生意經	森下信雄	320
QD1014	設計的精髓：當理性遇見感性，從科學思考工業設計架構	山中俊治	480
QD1015X	時間的形狀：相對論史話（增訂版）	汪詰	420
QD1017	霸凌是什麼：從教室到社會，直視你我的暗黑之心	森田洋司	350
QD1018	編、導、演！眾人追看的韓劇，就是這樣誕生的！：《浪漫滿屋》《他們的世界》導演暢談韓劇製作的祕密	表民秀	360
QD1019	多樣性：認識自己，接納別人，一場社會科學之旅	山口一男	330
QD1020	科學素養：看清問題的本質、分辨真假，學會用科學思考和學習	池內了	330
QD1021	阿德勒心理學講義2：兒童的人格教育	阿德勒	360
QD1024	過度診斷：我知道「早期發現、早期治療」，但是，我真的有病嗎？	H・吉爾伯特・威爾奇、麗莎・舒華茲、史蒂芬・沃洛辛	380
QD1025	自我轉變之書：轉個念，走出困境，發揮自己力量的12堂人生課	羅莎姆・史東・山德爾、班傑明・山德爾	360
QD1026	教出會獨立思考的小孩：教你的孩子學會表達「事實」與「邏輯」的能力	苅野進、野村龍一	350

書　號	書　　　名	作　　者	定價
QD1027	從一到無限大：科學中的事實與臆測	喬治・加莫夫	480
QD1028	父母老了，我也老了：悉心看顧、適度喘息，關懷爸媽的全方位照護指南	米利安・阿蘭森、瑪賽拉・巴克・維納	380
QD1029	指揮家之心：為什麼音樂如此動人？指揮家帶你深入音樂表象之下的世界	馬克・維格斯沃	400
QD1030	關懷的力量（經典改版）	米爾頓・梅洛夫	300
QD1031	療癒心傷：凝視內心黑洞，學習與創傷共存	宮地尚子	380
QD1032	英文的奧妙：從拼字、文法、標點符號到髒話，《紐約客》資深編輯的字海探險	瑪莉・諾里斯	380
QD1033	希望每個孩子都能勇敢哭泣：情緒教育，才是教養孩子真正的關鍵	大河原 美以	330
QD1034	容身的地方：從霸凌的政治學到家人的深淵，日本精神醫學權威中井久夫的觀察手記	中井久夫	340
QD1035	如何「無所事事」：一種對注意力經濟的抵抗	珍妮・奧德爾	400
QD1036	清晰簡明的英文寫作指南：從正確用詞到刪除贅字，藍燈書屋文稿總監幫助你提升寫作力	班傑明・卓瑞爾	480
QD1037	向編輯學思考：激發自我才能、學習用新角度看世界，精準企畫的10種武器	安藤昭子	450
QD1038	不用數字的數學：讓我們談談數學的概念，一些你從沒想過的事……激發無窮的想像力！	米羅・貝克曼	360
QD1039	男言之癮：那些對女人說教的男人	蕾貝嘉・索尼特	380
QD1040	圖解 長新冠康復指南：咳嗽、腦霧、倦怠，可能是新冠肺炎後遺症，千萬不要輕忽！	平畑光一	320
QD1041	多巴胺國度：在縱慾年代找到身心平衡	安娜・蘭布克醫師	450
QD1042	加密・解謎・密碼學：從歷史發展到關鍵應用，有趣得不可思議的密碼研究	劉巍然	480
QD1043	知識的編輯學：日本編輯教父松岡正剛教你如何創發新事物	松岡正剛	450

國家圖書館出版品預行編目（CIP）資料

西蒙學習法：如何在短時間內快速學會新知識／
友榮方略著. -- 初版. -- 臺北市：經濟新潮社
出版：英屬蓋曼群島商家庭傳媒股份有限公司
城邦分公司發行, 2023.08
　　面；　公分. --（經營管理；181）
　ISBN 978-626-7195-40-6（平裝）

　1. CST：學習方法　2. CST：讀書法

521.1　　　　　　　　　　　　　112011565